# एक
# युवा कवि
## को पत्र

# एक
# युवा कवि
## को पत्र

रेनर मारिया रिल्के

हिन्दी अनुवादः अनीता रवि

YogiImpressions®

**YogiImpressions®**

LETTERS TO A YOUNG POET
(in Hindi)

**Yogi Impressions LLP**
1711, Centre 1, World Trade Centre,
Cuffe Parade, Mumbai 400 005, India.
Website: www.yogiimpressions.com

Copyright © 2000 by New World Library

Translator: Joan M Burnham

Originally published in the United States by
New World Library, January 2000

First India printing: May 2005
Fourth reprint: February 2016

First Hindi printing: October 2017
ISBN 978-93-82742-70-8

एक मानव के लिए किसी अन्य मानव से प्यार कर पाना
उसके सभी कामों से अधिक कठिन काम हैं,
यही तो प्रतिमान और सर्वोच्च परीक्षा है।
यह वह ललक है जिसके बाद की सभी इच्छाएं
तो तैयारी मात्र हैं।

रेनर मारिया रिल्के

# विषय-वस्तु

# प्रस्तावना

वे दस पत्र जिनसे इस सुन्दर और छोटी सी पुस्तक की रचना हुई है, वह कुछ ऐसे बेहतरीन मशहूर पत्रों में से हैं जैसे आज तक नहीं लिखे गए। पिछले कुछ सालों में यह पुस्तक इतनी मशहूर क्यों हो गई, इसका कारण यही है कि यह एक महान आत्मा की कृति है और आत्मा को ही प्रकाशित भी करती है। इन पत्रों में एक ऐसी महान और प्रेरक शक्ति व्याप्त है जिसकी वजह से हम इनके शब्दों के सामने अवाक् रह जाते हैं।

हालांकि वे खासतौर से एक नौजवान कवि को लिखे गए हैं लेकिन रिल्के के शब्द आमजन पर भी अपना असर डालते हैं। विशेषतौर पर उन लोगों पर जो अपने जीवन को रचनात्मकता से क्रियाशील रखना चाहते हैं।

मैं उस नौजवान कवि "फ्रैंज काप्पूस" के शब्दों से ही इस परिचयात्मक चर्चा का समापन करना चाहूंगा जिन्हें यह पत्र लिखे गए थे, "जब कोई महान आत्मा बोल रही हो तब कमतर लोगों को चुप ही रहना चाहिए।"

*मार्क एलन*

# भूमिका

हममें से वे सभी लोग जो कला के क्षेत्र में संघर्ष कर रहे हैं वे यह भली भांति जानते हैं कि यह एक एकाकीपन का जीवन है। हमें अक्सर ऐसा महसूस होता है कि हम एकान्त सपनों का जीवन जी रहे हैं, दूसरों से असम्बद्ध एक ऐसी परिकल्पना जिसे दूसरे न तो महत्व देते हैं और न ही उसमें शिरकत करते हैं। कभी-कभी तो इसका एहसास तीव्र भी होता है। ऐसे समय में हम उस एक उदार आवाज के लिए तरसते हैं जो कि हमारे एकाकी जीवन तक पहुंचे और वह समझ से भी भरी हो। इसके साथ-साथ यह हमको भरोसा भी दिलाए कि हम जो कुछ भी कर रहे हैं वह सही है और हमारा चुना हुआ रास्ता सम्मानप्रद है तथा इसके लिए जो भी पुरस्कार हमें मिलता है वह हमारे एकाकीपन के अनुरूप है और इसी कीमत पर मिला भी है।

रेनर मारिया रिल्के एक ऐसी ही आवाज़ है जो सौ साल से भी अधिक समय से हर अभिलाषी कलाकार तक स्पष्ट और दिलासापूर्ण बन कर पहुंचती आई है। अतींद्रिय परिज्ञान लिए हुए इस छोटी सी किताब, "एक युवा कवि को पत्र" में उनकी आवाज़ बहुत स्पष्ट सुनाई देती है।

यह कोई सरल सी किताब है या सिर्फ छलावा। इसमें दस वे छोटे-छोटे पत्र हैं जो पांच वर्षों के बीच एक उत्साही नौजवान कवि को लिखे गए थे और जिसका नाम फ्रांज जेवर काप्पुस है। यह पत्र खुलकर विभिन्न विषयों पर चर्चा करते हैं। विश्व व्यवस्था की खतरनाक स्थिति से लेकर विश्वास के मूल्यों और शारीरिक एवं रचनात्मक आनंद के निकटतम स्वरूप तक। किन्तु बार-बार वे अपने मौलिक विषय, रचनात्कता के अकेलेपन पर लौट आते हैं और यह बताते हैं कि जो लोग कला की सेवा करते हैं, उनसे उनकी मांगें क्या हैं।

इसकी क्या वजह है कि यह पतली सी किताब, जो सालों पहले उस ज़माने में लिखी गई थी और जो हमारे मौज़ूदा ज़माने से बिल्कुल अलग सा था, यह किताब आज भी हमसे पूरे अधिकार के साथ बात करती है। रिल्के की व्यक्तिगत बुद्धिमत्ता की ओर इशारा करना आसान है साथ ही साथ यह यकीन करना भी कि उसने अपना असर डाला है। मगर थोड़ा पीछे निगाह डालें तो पाएंगे कि इसका स्रोत अर्थात् ये पत्र घटनाओं के एक अद्भुत संयोग की उपज है जिन्होंने एक जादुई चुम्बकत्व से विचारों और संवेदनाओं का एक अपूर्व मिश्रण कर दिखाया और यही इन पत्रों को चिरस्थाई महत्व भी प्रदान करते हैं।

तीन परिस्थितियां जिन्होंने इस जुड़ाव को जन्म दिया, वे हैं रिल्के की पृष्ठ भूमि, उनकी उम्र जिस समय उन्होंने ये पत्र लिखे थे और मूर्तिकार आगस्ट रोबिन का उन पर गहरा असर। रिल्के जिस पृष्ठभूमि से आए थे, उसने उन्हें हर उस व्यक्ति के प्रति अत्यंत संवेदनशील बनाया जो संघर्ष करके कलाकार बनना चाहता था। उनके पिता एक पेशेवर फौजी रह चुके थे। उन्होंने अपने बेटे को एक फौजी बोर्डिंग स्कूल में यह सोच कर भेजा था कि वह एक अफसर बनेगा। रिल्के शरीर से कमजोर और भावुक प्रकृति के थे तथा कठोर शारीरिक श्रम और स्कूल के कड़े अनुशासन के अनुकूल नहीं थे। साथ ही शिक्षकों और सहपाठियों के भांति-भांति के अत्याचारों से भी परेशान होते रहते थे। किसी तरह उन्होंने अपनी शुरुआती उभरती युवावस्था के पांच वर्ष वहाँ काटे। शारीरिक और मानसिक रूप से पूरी तरह निढाल हो जाने के कारण उन्हें इसकी इजाज़त मिल गई कि वह अपने घर प्राग वापस

लौट जाएं और आगे की जो भी पढ़ाई करनी हो, वहीं रह कर करें।

विगत इन कठिन पांच वर्षों के दौरान आत्म अभिव्यक्ति के साधन के रूप में कविता लिखने में ही उन्हें सबसे बड़ी शांति मिली। शायद यही उनके निखार की प्रक्रिया भी थी जिसे उन्होंने "नरकवास" नाम दे रखा था जिससे वह शब्दों और सौंदर्य के अर्थ को कुछ हद तक समझ भी पाए।

उसी सैनिक अकादमी से, बारह साल बाद, फ्रांज काप्पुस ने उन्हें पत्र लिखे और उनसे एक कलाकार कैसे जीवन व्यतीत करे, इस विषय पर सलाह मांगी। इस पत्र ने रिल्के के मन के तारों को झनझना दिया और अपने हृदय के पवित्रतम स्थान से वे इस निष्ठुर और दुसाध्य दुनिया में एक कलाकार के अकेलेपन से ग्रस्त जीवन की व्यथा लिखने पर विवश हुए।

रिल्के की उम्र का भी इन पत्रों के चिरस्थाई होने पर गहरा असर था क्योंकि इनकी भावनात्मक गहराई और विवेकपूर्ण तटस्थता के भाव से पाठक यह सोचने लगता है कि लेखक एक परिपक्व प्रौढ़ व्यक्ति होगा और जो अपनी युवावस्था के संघर्षों पर निगाह डाल रहा है। किन्तु ये पत्र उस समय लिखे गए थे जब रिल्के 28 से 33 वर्षों के बीच थे। ये वे वर्ष थे जब रिल्के स्वयं को एक कलाकार के रूप में पहचान दिलाने में संघर्षरत थे, शादी करने जा रहे थे तथा यात्राएँ करने और लोगों से मिलने जुलने में मशगूल थे क्योंकि जिस ताज़गी की हम सबको जरुरत होती है, उसे चढ़ती जवानी के यही दिन तो दे पाते हैं। वे अब सयाने हो चुके थे और अपनी बौद्धिक क्षमताओं से परिपूर्ण थे साथ ही वे नौजवान भी थे तथा उन पर जवानी की खोजों का जुनून भी सवार था। यही जीवन में अंतदृष्टि प्रदान करते हैं, प्रेम और कला की तात्कालिकता और हकीकत तो केवल उन्ही के पास हो सकती है जिनमें समान भावनाएं जीवन्त और विद्यमान हों।

किन्तु अन्तिम विवेचना यही साबित करती है कि रिल्के के अन्तर्मन पर पड़ने वाली वह विराट छाया, फ्रांसीसी शिल्पकार, आगस्टे रोडिन की ही थी जिसने उस प्रखर बुद्धिमान एवं प्रतिभाशाली व्यक्ति को इतना संवेदनशील और पारखी बना दिया जो जीवन के कालजयी रहस्यों और कलात्मकता की प्रक्रिया का प्रवक्ता बन गया।

फ्रांज काप्पुस को लिखे गए पहले पत्रों से भी एक साल पहले सन् 1902 में रिल्के इस भावना से पेरिस आए थे कि वे वहां रोडिन पर एक वृत्त प्रबंध (मोनो ग्राफ) लिखें। उनकी पत्नी क्लारा जो स्वयं एक मूर्तिकार थीं जिन्हें अपने गुरू "रोडिन" के साथ काम करते हुए कला का अभ्यास करना था। रिल्के के लिए यह सुनहरा अवसर था जब वे स्वयं उस चोटी के प्रतिभाशाली कलाकार को बारीकी से अपना काम करते देख सकते थे। उनकी संलग्नता ऐसी थी कि जिसे वे अपने अंदर दीवानगी से पाना चाहते थे।

"रोडिन" ठीक वैसे ही थे जैसे रिल्के बिल्कुल नहीं थे – आत्मविश्वास से भरे, मजबूत कद काठी के वासनामय, एक बुजुर्ग जिसकी कलात्मक पहचान बन चुकी थी और उनकी आवाज़ में भी कला का प्रभाव गूंजता था। वे मौलिकता के साकार रूप थे, उनकी वे तराशी हुई भौंहें, किसी मेहनतकश मजदूर जैसा चौड़ा शरीर, ऐसी गड़ती हुई आंखें जो किसी को गौर से देख लें तो भीतर तक छेदती चली जायं। वे बहुत कम बोलते थे पर यह सारा कुछ उनकी रचना से ही उजागर होता था। जैसा कि रिल्के ने खुद कहा है, रेाडिन अपनी कला को जीते थे, रोजमर्रा के व्यवधानों के बीच उन्हें इसकी तलाश नहीं करनी पड़ती थी। इसके विपरीत रिल्के नाजुक थे, अक्सर बीमार रहने वाले उस नौजवान की तरह जो कोमल संवेदनाओं के साथ अपनी कला की दिशा को लेकर निश्चिन्त नहीं था। उन्हें लंबे-लंबे समय तक कलात्मक भावनाओं का अभाव और आत्मविश्वास में कमी का एहसास होता रहता था। दुबले-पतले, कम वजन वाले रिल्के जो आसानी से अपने कला के काम से विचलित हो जाते थे और हमेशा उन दिनों के डर से घिरे रहते थे जब कोई प्रेरणा उनके पास नहीं आती थी खासतौर से तब जब उनके पास सिवा मृत शब्दों के कुछ भी नहीं रहता था "लाशों की तरह भारी .... मरे हुए शब्द"।

रोडिन उनकी किसी कलाकार की कल्पना के मूर्तिमान स्वरूप से थे और कैसे भी वह उनके सामने खड़े नहीं रह पाते थे। एक दर्पण की तरह जिसमें उसकी अपनी कमियां और अनिश्चितताएं प्रतिबिम्बित होती रहती थीं और वास्तव में वैसा ही कुछ घटित भी हुआ।

रोडिन के व्यक्तित्व में रिल्के ने वह सब कुछ पाया जो एक आदर्श मानक कलाकार के रूप में वह खुद में पाना चाहते थे। फ्रांज काप्पुस को लिखे छोटे-छोटे पत्रों में उन्होंने इस अधिकार को अपना लबादा बना कर उसमें संबोधित शंका और असुरक्षा को ढक लिया था। यह सब उनके पत्रों में झलकता भी है। वे तत्काल एक चतुर, दृढसंकल्प कलाकार के रूप में उभर आते हैं जैसा कि वे अपनी कल्पना में स्वयं को चाहते भी हैं। जबकि वे आंतरिक रूप से किसी नए कलाकार के संघर्षों और अनुभवों से पूरी तरह परिचित थे फिर भी वे अपनी मौलिक संवेदनाओं की सुरक्षा करते हुए पूरी नैतिक जिम्मेदारी के साथ किसी महान कलाकार की भंगिमा बनाए रखने में सफल होते हैं।

जब नौजवान काप्पुस उसी फौजी अकादमी के हाते से उनको पत्र लिखता है जहां दस वर्ष पहले उसकी खुद की रचनात्मक आत्मा लगभग कुचल ही गई थी, उन्हें लगा कि उन्हें एक अच्छा अवसर मिल गया है जहां वह अपनी उन दृढ़ धारणाओं को इस नौजवान के साथ पूरी ईमानदारी और जोश के साथ साझा कर सकते हैं जिनका इस बेरहम और बेदर्द दुनिया में एक युवा कलाकार को सामना करना पड़ता है। वास्तव में वह अपने जीवन के ही कलात्मक कमजोर सपनों को व्यक्त कर रहा होता है।

हम पाठक तो इस अत्यन्त प्रतिभाशाली नौजवान आत्मा के सामने अवाक् हो जाते हैं कि उसने कितनी गहरी समझदारी से अपने जीवन की विकराल नीरवता और एकान्त के साथ ही उत्फुल्ल आनंद का चित्रण किया है।

आगे अपने जीवन में रिल्के ने पुरातत्व कला के अपोलो की अपूर्ण धड़ प्रतिमा पर कुछ कविताएं भी लिखीं। उस सिर विहीन यूनानी शिल्पकला जिससे इस टूटी-फूटी दशा में भी जिन्दगी की किरणें निकलती थीं और इसी के सामने खड़े होकर उन्होंने कहा, "यहां कोई ऐसी जगह नहीं जो तुम्हें ना देखे। तुम्हें अपने जीवन का रूख बदलना ही होगा।" हममें से कोई भी व्यक्ति जो कला साधना में संघर्षरत हो, उसके अतीत और सपनों से वाकिफ़ हो, जब वह इन दस पत्रों को पढ़ेगा तो उसके तन में वैसी ही कंपकपी महसूस होगी जैसी अपोलो

की धड़ प्रतिमा के सामने खड़े रिल्के को महसूस हुई थी। रिल्के लिखते हैं, "ऐसी कोई जगह नहीं है जो हमको देखती न हो, हमें अवश्य अपनी ज़िन्दगी बदल देनी चाहिए।"

*केंट नेरबर्न*
बेमिड्ज़ी, मिनेसोटा
जनवरी 2000

# एक
# युवा कवि
## को पत्र

# परिचय

साल 1902 और शरद ऋतु ढल रही थी। वियना स्थित मिलिट्री अकादमी के उस नए खंड में, प्राचीन शाहबलूत के वृक्षों के साए तले बैठा मैं किताब पढ़ रहा था। मैं इसके शब्दों में इतना डूबा हुआ था कि पता ही नहीं चला कि कब अकादमी के विद्वान और लोकप्रिय पादरी, प्रोफेसर होरसक जो कि कर्मचारियों में अकेले गैर अधिकारी थे, मेरे पास आकर बैठ गए। मेरे हाथ से उन्होंने किताब ली, उसका आवरण देखा और फिर अपना सिर हिला कर बोले, "रेनर मारिया रिल्के की कविताएं?" पन्ने पलटते हुए वे इसे कभी ध्यान से पढ़ते और फिर उदास नज़रों से कहीं दूर शून्य में देखने लगते। और अंत में अपना सिर हिलाते हुए बोले, "मेरा शिष्य, रेनर रिल्के, आखिर कवि बन ही गया।" मैनें उस दुबले पतले लड़के के बारे में तब जाना जब उसके माता-पिता ने पंद्रह साल पहले उसे मिलिट्री अकादमी में कमीशन-प्राप्त अधिकारी बनने के लिए भेजा था। होरसक उस समय पादरी थे। अपने भूतपूर्व छात्र की यादे अभी तक उनके जेहन में बनी हुई थीं। उसे वे एक शांत, गंभीर और गुणी युवा मानते थे जो अपने आप में सिमटे रह कर छात्रावास की तनाव भरी जिन्दगी में अकेले रहना चाहता था।

चार साल के बाद वह अन्य छात्रों के साथ महीच वेइस्किर्चेन स्थित मिलिट्री अकादमी में चले गए। शायद वे वहां के तनाव ग्रस्त नियम सह नहीं पाए थे इसलिए उनके माता-पिता ने उन्हें वहां से निकाल कर प्राग में किसी विद्यालय में पढ़ाई जारी रखने के लिए भेज दिया था। उनके जीवन के बाद के घटनाक्रम प्रोफेसर होरसक को याद नहीं थे।

अपनी बातचीत के बाद, मैनें तय किया कि रेनर मारिया रिल्के को मैं अपनी काव्य कृतियां भेजकर उनकी राय लूंगा। मैं कुल बीस साल का था और पूरी तरह से अपनी जीविका के चौखट तक भी नही पहुंचा था और मन में उसके प्रति एक विद्रोह सा भी था। बजाय किसी दूसरे के, *इन सेलिब्रशन आफ माइसेल्फ* के लेखक से मुझे विवेक और तसल्ली की आशा थी। मेरा अभिप्राय तो नहीं था पर पत्र के साथ-साथ मैनें अपनी कविताएं भी इसी के साथ संलग्न कर दीं जिनमें मैनें अपने अंतरतम को भी मुक्त रूप से व्यक्त किया था। ऐसा मेरे साथ न तो कभी पहले ना ही बाद में किसी और के साथ हुआ था। मेरे पहले पत्र का जवाब कई हफ्तों बाद आया और इसकी नीली डाक मोहर इसके पेरिस से आने की सूचना दे रही थी। पत्र मेरे हाथ में भारी लग रहा था और लिफाफे पर वही सुंदर, साफ और विश्वास भरी हस्तलिपि जो पत्र की पहली पंक्ति से आखिरी पंक्ति तक नजर आती थी। रेनर मारिया रिल्के और मेरे बीच पत्राचार इसी तरह शुरू हुआ और सन् 1908 तक चलता रहा। फिर धीरे-धीरे पत्र कम होते चले गए और आखिर में रूक गए क्योंकि शायद जिन्दगी ने मुझे उन राहों में ढकेल दिया जिन राहों से कवि की नाजुक, स्नेहपूर्ण हृदयस्पर्शी चिंता मुझे बचाना चाहती होगी।

पर यह इतना महत्वपूर्ण नहीं जितने वे दस पत्र हैं – उस दुनिया को समझने के लिए जिसमें रेनर मारिया रिल्के रहते और काम करते थे। यह उन लोगों के लिए भी महत्वपूर्ण है जो इस वक्त विकसित हो रहे हैं और आगे भी होते रहेंगे। जब एक महान और विशिष्ट बोले तब कमतर लोगों का शांत रहना ही उचित है।

*फ्रांज जावर काप्पुस*
बर्लिन, जून 1929

# पहला
# पत्र

*"अपने अंतर में जाओ और*
*अपना अस्तित्व वहीं ढूंढो*
*जहाँ तुम्हारी जिन्दगी का स्रोत है।*
*मेरे पास इससे बेहतर मशवरा नहीं है।"*

पेरिस
17 फरवरी 1903

महोदय,

आपका पत्र मुझे कुछ ही दिन पहले मिला। आपके अपार स्नेह और विश्वास का मैं आभारी हूं। आपकी काव्य शैली पर मैं कोई टिप्पणी नहीं कर सकता; आलोचना करना मेरे स्वभाव में नहीं है। आलोचनात्मक शब्दों का कलाकृति पर सबसे अधिक प्रभाव होता है। यह स्थिति हमेशा दुर्भाग्यपूर्ण और मिथ्याबोध के कारण बनती है। जैसा कि लोग आमतौर पर समझते हैं कि बहुत सी बातें सरलता से न तो समझ में आती हैं और न ही समझाई जा सकती हैं। ज्यादातर घटनाएं हमारी अभिव्यक्ति से परे होती हैं, यह उस जगह बसती हैं जहां तक दुनिया अभी पहुंची ही नहीं है। समझने और समझाने के मामले में कलाकृतियां तो और भी कठिन हैं यह वह रहस्यमयी सत्ता हैं जिनकी जिन्दगी साधारण क्षणभंगुर जीवन की तुलना में कहीं अधिक दृढ़ होती हैं।

प्रारंभ में ही यह सब कहने के बाद अब मैं आपको यह कहने का साहस करूंगा कि आपके काव्य में कोई अनोखी शैली नहीं है पर इसमें किसी व्यक्तिगत विषय को प्रकट करने की शांत छिपी हुई चाह है। इस बात का एहसास मुझ उस आखिरी कविता "माय सोल" में मिला। मुझे लगा जैसे आपकी अंतरात्मा अभिव्यक्ति की तलाश कर रही हो। फिर उस सुन्दर कविता "टू लियोपर्दी" में मानो महान सी अभिव्यक्ति, विशिष्टता से भरपूर पूर्णता को तरस रही हो। इतना होने पर भी यह कविताएं बहुत बेहतर नहीं कहीं जा सकती, लियोपर्दी भी अभी तक आत्मनिर्भर नहीं है। अपने स्नेह भरे पत्र में आपने इस बात को स्वयं स्वीकार किया है और कुछ त्रुटियों का विश्लेषण भी किया है जिनका मुझे पढ़ते हुए एहसास तो हुआ पर मैं उन्हें शब्दों में अभिव्यक्त नहीं कर पा रहा हूं।

आप पूछते हो कि क्या आपकी कविताएं अच्छी हैं? आप इन्हें प्रकाशकों को भेजते हैं; अन्य कविताओं से तुलना करते हैं और जब कुछ प्रकाशक इन्हें अस्वीकृत कर देते हैं तब आप दुःखी भी होते हैं। चूंकि आपने मुझे अवसर दिया है इसलिए मेरी सलाह है कि आप यह सब करना छोड़ दें। आप अभी इसे सिर्फ बाहर से देख रहे हैं पर अभी आपको ऐसा नहीं करना चाहिए। इस विषय पर आपको कोई सलाह नहीं दे सकता, कोई भी सहायता नहीं कर सकता।

इसका सिर्फ एक ही रास्ता है; अपने भीतर जाइए। उस कारण को खोजिए, उस आवेग को ढूंढिए जो आपको लिखने पर विवश कर रहा है। इसे इस रूप में आंकिए कि क्या इसकी जड़ें आपके मन की गहराई तक पहुंच रही हैं? क्या आप दृढ़ता से कह सकते हैं कि यदि लिखने से आपको रोका गया तब मर जाएंगे? और सबसे बड़ी बात, रात के गहरे सन्नाटे में अपने आप से पूछिए: क्या मुझे लिखना चाहिए? अपने मन की गहराइयों में इसका सच्चा उत्तर ढूंढिए और यदि उत्तर "हां" में है तथा आप इस गंभीर सवाल का जवाब आत्मविश्वास की सरलता के साथ देते हैं कि "हां, मुझे करना है" तब इसे अपना जीवन बनाइए। अब यह आपकी ज़रुरत बन चुकी है। यहांतक कि आपकी जिन्दगी इस सांसारिक और महत्वहीन पल में भी उसी तीव्र चाहत की गवाह होनी चाहिए।

अब प्रकृति के समीप आइए और कल्पना करिए कि आप ही वह पहले पुरुष हैं और अब जो देखा, जो अनुभव किया तथा किसे प्यार किया एवं क्या खोया, सब लिख डालिए। कम से कम शुरुआत तो प्रेम गीत से न ही करें; यह बहुत चुनौतीपूर्ण काम होता है। कुछ व्यक्तिगत और विलक्षण लिखने के लिए बहुत परिपक्वता की जरुरत होती है खासतौर से तब जब बहुत सी महान कृतियां पहले से ही उपलब्ध हों। सामान्य विषयों पर लिखने से बचिए। अपनी रोजमर्रा की घटनाओं का सहारा लीजिए। अपने दुःख, अपनी चाहतें, अपने विचार और किसी भी सुंदर चीज पर आपका यकीन, इन सभी पर लिख डालिए। उत्साह, विनम्रता और गंभीरता के साथ इनका वर्णन कीजिए। अपनी अभिव्यक्ति के लिए अपने आस पास की चीजों, अपने सपनों के दृश्य और अपनी स्मृति के विषयों का भी सहारा लीजिए।

यदि लगे कि आपका रोजमर्रा का जीवन वर्णन के योग्य नहीं है तो भी जिन्दगी से शिकवा न कीजिए। अपने आप से शिकायत कीजिए कि आप उस दर्ज़े के कवि नहीं है जो उसकी बेशुमार दौलत को हासिल कर सका हो। रचनात्मक कवि निर्धन नहीं होता उसके लिए कुछ भी निरर्थक या अनावश्यक नहीं है। आप अगर क़ैदखाने में भी होते जिसकी दीवारें बाहरी दुनिया से आपका संबंध खत्म कर देतीं तब भी क्या आपका बचपन वो बेशकीमती दौलत यानी आपकी यादों का खजाना आपके पास नहीं होगा? अपना ध्यान उसी पर केंद्रित कीजिए। अतीत की उन हसीन यादों को फिर से जीवित कीजिए। आपका अकेलापन आपका घर बनकर एक हसीन सुबह की तरह आपका स्वागत करेगा और आपकी बेचैनी दूर से ही गुजर जायगी।

जब आप अपनी भीतर की दुनिया में पूरी तरह से डूबे होंगे और तब जो कविता अंदर से उभर कर आएगी, उसके लिए आप किसी और से नही पूछेंगे कि वह कविता अच्छी है या नहीं। न ही आप प्रकाशको को उस कविता के बारे में यकीन दिलाने की कोशिश करेंगे। आप उस कविता में अपनी ही आवाज सुनेंगे; उसमें अपनी ही जिन्दगी का एक हिस्सा पाएंगे, यह आपकी अपनी ही अमानत होगी एक ऐसी कलाकृति जो अनिवार्यता से जन्म लेती है और उत्कृष्ट भी होती है। उसका यह स्रोत उसके बेहतरीन होने का पैमाना है; और कुछ भी नहीं।

इसीलिए मेरे दोस्त, अपने अंतर में जाओ और अपना अस्तित्व वहीं ढूंढो जहां तुम्हारी जिन्दगी का स्रोत है। मेरे पास तुम्हारे लिए इससे अच्छा मशवरा नहीं है। अपने स्रोत में ही आपको अपना जवाब मिलेगा कि आपको लिखना है कि नहीं और बिना विश्लेषण किए जो भी जवाब हो उसे स्वीकार करो। शायद तुम्हें अपने आप ही पता चल जायगा कि वाकई तुम एक लेखक कहे जा सकते हो। बिना पुरस्कार की चिन्ता किए ही विधि का निर्णय स्वीकार करो इसका बोझ और इसकी भव्यता बर्दाश्त करो क्योंकि पुरस्कार तो संभवतः अनायास ही मिल जाता है। रचनात्मक कलाकार की दुनिया अपनी ही होनी चाहिए और उसे सब कुछ अपने अन्दर ही प्राप्त होना चाहिए यानी उस प्रकृति में जिसे उसने अपना जीवन साथी बना लिया है।

यह भी संभव है कि अपने भीतर की दुनिया यानी उस रहस्यमय और एकांत जगह पहुँच कर आपको लगे कि आपको कवि नहीं बनना चाहिए। जैसा कि मैनें कहा कि यह एहसास कि व्यक्ति बिना लिखे भी जी सकता है इस बात का सूचक होगा कि आपको नहीं लिखना चाहिए। इतना होने पर भी मैं कहूंगा कि आपकी यह अंतर यात्रा व्यर्थ नहीं गई। यकीनन यहीं से आपका जीवन अपना रास्ता खुद ही ढूंढ लेगा। मेरी शुभकामना यही रहेगी कि ये रास्ते आपके लिए शुभ और समृद्धिपूर्ण हों।

और क्या बताऊं आपको? सब कुछ तो कह दिया मैनें। मैं केवल यही कहना चाहता था कि आप अपने विकास के पथ पर शांति और गंभीरता के साथ बढ़ें। बाहर देखने और वहीं उत्तर ढूंढने से आप इस प्रक्रिया में रूकावट डाल सकते हैं – इनके जवाब शायद आपको अपने अंदरूनी एहसास और शांति के उन्हीं पलों में ही मिल सकते हैं।

आपके लेखन में प्रोफेसर होरसक का नाम देखकर मुझे अपार हर्ष हुआ। उन जैसे दरियादिल विद्वान का मैं हमेशा से ऋणी हूं। उनके लिए मेरे मन में अपार श्रद्धा है। आप कृपया उनको मेरा भावुकता भरा स्नेह भिजवा दीजिएगा। उनका मेरे बारे में सोचना मुझे अच्छा लगा।

आपका काव्य जिसे आपने मुझे सौपा था आपको वापस भेज रहा हूं। मैं आपको पुनः धन्यवाद देता हूं कि आपने बिना शर्त मुझमें पूर्ण

विश्वास जताया। सच में मैं पूर्णतया अभिभूत हुआ और मैनें कोशिश भी की कि अपनी काबिलियत के दायरे में रह कर आपकी योग्यता का पात्र बन सकूं बजाय इसके कि मैं एक अजनबी बना रहता जोकि वाकई में हूं भी।

स्नेह सहित

*रेनर मारिया रिल्के*

दूसरा
पत्र

*"ऐसे हालात जो हमारे लिए बहुत निजी*
*और महत्वपूर्ण हों, उनमें हम खासतौर से*
*पूरी तरह अकेले होते हैं।"*

विअरेग्गियो, पिसा के समीप, इटली
5 अप्रैल 1903

आज तक मैं आपके फरवरी 24 के पत्र पर अपना ध्यान नहीं दे पाया, इस बात के लिए आप मुझे क्षमा करें। हाल ही तक मेरी तबियत ठीक नहीं थी। मैं बीमार तो नहीं था पर जुकाम और थकान से उदासी बनी हुई थी जिसकी वजह से कुछ भी करने की स्थिति में भी नहीं था। आखिरकार जब मेरी हालत में सुधार नहीं दिखा तब मैं इस दक्षिणी समुद्रतट पर आ गया जहां एक बार पहले मुझे स्वास्थ्य लाभ मिला था। मेरी हालत अभी भी सुधरी नहीं है तथा लिखना मुश्किल हो रहा है। इसलिए इन थोड़ी सी पंक्तियों को ही आप बहुत समझें। पर मेरे उन जवाबों पर थोड़ा धीरज रखें जो कि आपको अक्सर खाली छोड़ देते हैं। ऐसे हालात जो हमारे लिए बहुत निजी और महत्वपूर्ण हों, उनमें हम खासतौर से पूरी तरह अकेले होते हैं। इन हालात में किसी को परामर्श देना या किसी की मदद भी करना वाकई एक महत्वपूर्ण स्थिति बनती है। ऐसा एक बार भी होने के लिए बहुत सी चीजों का इकट्ठा होना और बहुत से तथ्यों की तारतम्यता भी जरूरी है।

15

मैं आज आपको दो बातें बताना चाहता हूं।

पहली बात वक्रोक्ति के बारे में है। इसे अपने ऊपर कभी हावी मत होने दीजिए, खासतौर से अरचनात्मक पलों में। मगर रचनात्मक क्षणों में इसे जिन्दगी को बेहतर ढंग से समझने का एक अन्य ज़रिया बनने दीजिए। यदि आप इसका इस्तेमाल नेक इरादे से करेंगे तब यह विशुद्ध होगा। आपको इससे लज्जित होने की आवश्यकता नहीं है पर ऐसे दृष्टिकोण से बचिए जिसमें वक्रोक्ति का अतिवाद हो। इसके बदले अपना ध्यान उम्दा और गम्भीर मामलों पर दें। इनकी मौजूदगी में वक्रोक्ति कमजोर और असहाय हो जायगी। चीजों की गहराई में जायें; वक्रोक्ति वहां कभी नहीं पहुंच पाएगी। खोजते-खोजते जब आप उत्कृष्टता की चौखट पर खड़े होंगे तब अपने आप से सवाल पूछिए कि वक्रोक्ति की भावना की क्या वाकई आपकी आवश्यकता थी? यदि यह केवल प्रासंगिक है तब गंभीर चीजों के प्रभाव से यह आपसे दूर हो जायगी और यदि वाकई इसका आपसे संबंध है तब यह आपके लिए एक महत्वपूर्ण औजार बन जायगी और उन सब उपकरणों की जगह ले लेगी जिनके जरिए आप अपनी कला का निर्माण करेंगे।

दूसरी बात जो आज आपसे कहना चाहता हूं, वो यह है:

मेरी किताबों में से कुछ किताबें ऐसी हैं जिन्हें मैं अपने से अलग नहीं कर सकता हूं। इनमें से दो तो निरंतर रूप से मेरे साथ ही रहती हैं, चाहे जहां भी मैं रहूं। वे इस समय भी मेरे साथ है: बाईबिल और महान डेनिश लेखक जेम्स पीटर जेकोब्स की कृतियां। मुझे लगता है कि आप इनके लेखन से परिचित होंगे। इनमें से कुछ का अनुवाद प्रकाशित भी हो चुका है और आप इन्हें आसानी से हासिल भी कर सकते हैं। *सिक्स स्टोरीज़ बाय जे.पी. जकोब्सन* और उनका उपन्यास *निएल्स ल्यहने* जरूर पढ़िए। आप इसकी कहानी "मोजेंस" से शुरू कीजिए। इसका उल्लास, सम्पन्नता और अद्भुत संसार आपको घेर लेगा। कुछ समय किताबों को जी लीजिए, इसने जो सीखने लायक हो सीखिए और इन्हें प्यार कीजिए। आपके इस प्यार के बदले आप पर हजारों बार स्नेह लुटाया जायेगा और आपके जीवन में जो भी बदलाव आएं इससे कोई फर्क नहीं पड़ेगा। मुझे पूरा यकीन है कि यह स्नेह

आपके जीवन के ताने-बाने में आपके सुःख-दुख, आशा-निराशा और अनुभवों का एक महत्वपूर्ण धागा बनेगा।

यदि मुझे आपको बताना हो कि मैनें रचनात्मकता का सार, इसकी गहराईयां और इसके चिरस्थाई गुण कहां सीखे तब केवल दो ही नाम मेरे जेहन में आते हैं; महान लेखक जकोबसन और शिल्पकार औगुस्ते रोडिन। इनकी तुलना में आज जीवित कोई अन्य कलाकार नहीं है।

आपको हर कार्य में सफलता मिले,

आपका

*रेनर मारिया रिल्के*

तीसरा
पत्र

*"नियति एक ऐसा अदभुत ताना-बाना है*
*जिसमें कोमल हाथ इसकी*
*हर डोर का मार्गदर्शन करते हैं*
*तथा इसमें एक के साथ दूसरी और*
*फिर सैकड़ों डोर आपस में एक दूसरे को*
*बांधे और संभाले रखती हैं।"*

विअरेग्गियो, पिसा के समीप, इटली
23 अप्रैल 1903

आपके ईस्टर के पत्र ने मुझे बेहद आनंदित किया और आपकी कुशलता जान पाया। जकोब्सन की कला के बारे में जिस प्रकार आपने लिखा है, मुझे लगता है कि आपकी सवालों भरी जिन्दगी को इस खजाने की और ले जाकर मैने कोई गलती नहीं की।

नील्स ल्यह्ने की यह गंभीर और अद्भुत पुस्तक जैसे-जैसे आप पढ़ते जायंगे यह स्वतः ही आपके सामने खुलती जायगी। ऐसा लगता है इसमें जीवन की नाजुक खुशबू से लेकर पके हुए पूर्ण विकसित फलों की सुगंध तक सभी कुछ शामिल है। इसमें ऐसा कुछ भी नहीं मिलेगा जो कि आपकी समझ से परे हो या आपके अनुभव के अनुकूल न हो। इसे पढ़ते समय आपको परिचित यादों की अनुभूति भी होगी। कोई भी अनुभव तुच्छ नहीं होता, हर छोटी सी घटना नियति की तरह

प्रकट होगी। नियति एक ऐसा अद्भुत ताना-बाना है जिसमें कोमल हाथ इसकी हर डोर का मार्गदर्शन करते हैं तथा इसमें एक के साथ दूसरी और फिर सैकड़ों डोर आपस में एक दूसरे को बांधे और संभाले रखती हैं।

पहली बार यह किताब पढ़ कर आपको बहुत अधिक प्रसन्नता होगी और एक नए सपने की तरह आपको कई चकित कर देने वाले अनुभव भी होंगे। इस किताब को दुबारा पढ़ने पर भी इसकी अद्भुत शक्ति बरकरार रहती है और परीकथा समान गुण जिनसे पाठक पहली बार अभिभूत हुआ था, जरा भी कम नहीं होते।

इसे पढ़ कर व्यक्ति अधिक प्रसन्न और कृतज्ञ अनुभव करता है तथा उसकी समझ भी अधिक स्पष्ट हो जाती है। उसके जीवन में आस्था गहराती और संतुष्टि के अनुभव के साथ उसमे आत्मसम्मान का भाव भी बढ़ने लगता है।

बाद में आपको मारी ग्रुब्बे की नियति और लालसा पर लिखी पुस्तक अवश्य पढ़नी चाहिए साथ ही साथ जकोब्सन की कविताएं और उनके पत्र पत्रिकाएं भी पढ़ें। हालांकि उनकी कविताओं का अनुवाद बहुत कम हुआ है पर वे व्यक्ति के मन पर अपनी अमिट छाप छोड़ती हैं। साथ ही मैं आपको यह भी परामर्श दूंगा कि जब भी समय हो, जकोब्सन की संग्रहीत रचनाओं की पुस्तक अवश्य खरीदें।

"रोजेज शुड बी स्टैंडिंग हीयर..." की वाग्मिता और शैली अतुलनीय है। इस बारे में आपका हक बनता है कि आप भूमिका के लेखक के बारे में नकारात्मक विचार रखें। मेरा आप से यही कहना है कि आप कम से कम आलोचनात्मक लेख अवश्य पढ़ें, या तो ये पक्षपातपूर्ण नजरिए होते हैं जो अपनी मृत अवस्था में पथराए एवं अर्थहीन हो गए हैं या फिर शब्दों के चतुर खेल हैं। ऐसे दृष्टिकोण आज तो सहमति पा जाते हैं पर कल नहीं। कलात्मक रचनाएं अनादिकाल से हैं और समीक्षा से इनका बोध संभव नहीं है। इन्हें केवल प्यार से ही समझा और जकड़ा जा सकता है और तभी हम इनके साथ न्याय भी कर सकते हैं। इनके विश्लेषण, प्रस्तुति या चर्चा के समय हमेशा अपने अंतर की आवाज और भावनाओं पर ध्यान दें। त्रुटि होने पर आपकी अंतरआत्मा

धीरे-धीरे आपका अन्य निष्कर्शों की ओर मार्गदर्शन करेगी। अपने निर्णयों को शांत और अबाधित भाव से विकसित होने दीजिए। यह भाव भी आपकी भीतरी गहराई से ही आएगा न कि जोर जबरदस्ती या जल्दबाजी से। हरेक चीज का जन्म अपने समय पर ही होता है। हर विचार को जन्म देने के लिए आपको तर्क और शब्दों से परे जाकर अपने मन की गहराई में धैर्यपूर्वक एक नई स्पष्टता को आने देने का इंतजार करना होगा; और यही स्पष्टता समझ-बूझ और रचनात्मकता बनकर कला में विद्यमान रहती है।

इस प्रक्रिया की कोई समय सीमा नहीं है। इसमें एक साल कोई मायने नहीं रखता और दस साल भी कुछ नहीं है। कलाकार बनना कोई जोड़-घटाव का गणित नहीं है, यह तो एक पेड़ की तरह पकने की प्रक्रिया है जैसे कि पेड़ अपने रस के साथ जबरदस्ती नहीं करता है बल्कि वह वसंत की आंधियों में भी इस बात से बेपरवाह होकर कि शायद ग्रीष्म ऋतु ना आए, अचल खड़ा रहता है। वैसे वह आएगी जरुर मगर केवल उन्हीं लोगों के लिए जो अपना जीवन उन्मुक्त, असीम, शांत और अंतहीन होकर जीते हैं। मैनें इसे रोज सीखा है और बहुत सी पीड़ाओं के अनुभव के बाद सीखा है और जिनका मैं शुक्रगुज़ार भी हूं। वाकई धैर्य ही सबकुछ है।

रिचर्ड देहमल की किताबों के बारे में मेरी प्रतिक्रिया कुछ इस तरह की है कि जैसे मैं उस व्यक्ति को कम जानता हूं। जब मैं उनकी किताब का एक बेहतरीन पृष्ठ पढ़ता हूं तब अगले पन्नों से डर जाता हूं कि जो कि हर लिखी चीज को फिर से नकार कर बदल देते है और योग्य को अयोग्य बना देते हैं। आपने अपने शब्दों में उनका बेहतरीन चित्रण किया है कि वे अपने जीवन और लेखन दोनों में ही वासनामय हैं। वास्तव में उनके कलात्मक अनुभव कामुकता की पीड़ा और आनंद के इतने करीब हैं कि दोनों एक ही तृष्णा और विलास के अलग रूप लगते हैं। यदि व्यक्ति इन्हें काम वासना न कहकर मैथुनिक यानी विस्तृत अर्थ में विशुद्ध, पर वैसा नहीं जो चर्च मानती है तो उनकी कृतियां और महान तथा महत्वपूर्ण बन जाती हैं। उनकी काव्य प्रतिभा बहुत बढ़िया और आदिम गुहार जैसी प्रबल है तथा इनकी कविता में वैसा ही प्रखर

स्पंदन है जैसे पानी चट्टानो को चीर कर निकल जाता

किन्तु ऐसा भी लगता है कि उनकी इस शक्ति में वास्तविकता की कमी है और कुछ बनावटीपन लिए हुए है।

(सच्चे कलाकार के लिए यह सबसे कठिन परीक्षा है कि वह अपने सद्गुणों से बेखबर रहे ताकि उसकी स्वछंदता बनी रहे)। जब देहमल की कलात्मक ऊर्जा का मिलन उनकी कामुक ऊर्जा से होता है तब वे उन्हें उतना शुद्ध नहीं पाते जितना उसे होना चाहिए। उनके अनुसार पूर्ण परिपक्व और विशुद्ध कामुकता की दुनिया है ही नहीं, जो कि केवल मानवीय हो केवल पुरुष प्रधान न हो। उनके लिए तो बस वासना, नशा, बेचैनी और पूर्वाग्रह तथा अभिमान से भरी हुई स्थिति है जिसे पुरुष ने प्रेम को विकृत करने में इस्तेमाल किया है। उनका प्रेम पौरुषिक है न कि मानवीय। इस प्रकार उनका दृष्टिकोण सीमित, द्वेषपूर्ण, जंगली और लौकिक बन कर रह जाता है अनंत नहीं। यही उनकी कला से कुछ छीन सा लेता है और उसे आपत्तिजनक बना देता है। उनकी कला त्रुटियों से मुक्त नहीं है; उन पर आवेश और क्षणभंगुरता की छाप है। इसका कुछ ही हिस्सा स्थाई रहेगा, वैसे यह अधिकतर कलाओं के साथ होता है।

इतना होने के बावजूद हम इसके उन हिस्सों की सराहना कर सकते हैं और आनंद उठा सकते हैं जो उत्कृष्ट हैं। हमें देहमल की उस दुनिया का हिस्सा नहीं बनना चाहिए जो अत्यंत डरावनी, व्यभिचार और भ्रम में लिप्त हैं और मनुष्य की नियति से कोसों दूर भी हैं। ये एक ओर उदासी से ज्यादा अत्यंत दुःख का कारण बन जाते हैं और दूसरी ओर प्रतिष्ठा एवं धैर्य के अवसर प्रदान करते हैं।

और अब अंत में मेरी किताबों के बारे में। मन तो करता है कि अपनी किताबें आपको भेज दूं जिनसे आपको खुशी मिल सकती है। फिलहाल मैं बहुत गरीब हूं और जो सारी किताबें छप जाती हैं उन पर प्रकाशक का अधिकार हो जाता है। मैं खुद उन्हें खरीदने में असमर्थ हूं और उन लोगों को उपहार में देने में असमर्थ हूं जो मुझसे स्नेह करते हैं।

इसलिए मैं अलग कागज पर किताबों और उनके प्रकाशकों के नाम

लिख रहा हूं (कुछ बारह या तेरह होंगे)। अपनी सुविधानुसार आप इन्हें मंगवा सकते हैं।

मुझे खुशी होगी कि मेरी किताबें आप के पास हैं।

अलविदा

आपका

*रेनर मारिया रिल्के*

# चौथा
## पत्र

*"यदि आप प्रकृति, उसकी सादगी और*
*उन छोटी-छोटी चीजों के,*
*जो काबिलगौर नहीं होती,*
*के समीप रहते हैं तो ये आपके लिए*
*बेहद महत्वपूर्ण बन सकती हैं।"*

वार्प्स्वेदे, बर्मन के पास
16 जुलाई 1903

दस दिन पहले, पेरिस छोड़ने के बाद, मैं थका-हारा उत्तर के विशाल मैदानी क्षेत्र में पहुंचा। इसका विस्तार, शान्ति और आकाश मेरी सेहत सुधारेंगे। मगर इस समय यहां लंबी बरसातों का मौसम है जो अभी थमने का नाम ही नहीं ले रही है। मेरे प्रिय दोस्त, आपका अभिवादन करने के लिए मैं रोशनी के इन पहले पलों का फायदा उठा रहा हूं।

मेरे प्यारे श्री काप्पुस, लंबे समय से आपका पत्र मेरे जवाब के इंतजार में रुका हुआ है। ऐसा नहीं है कि मैं इसे भूल गया हूं बल्कि यह तो बार-बार पढ़ने लायक है। मैनें बहुत से पत्रों से आपका पत्र अलग किया और आपको अपने बहुत पास पाता हूं। यह मई 2 का पत्र है; आपको तो जरुर याद होगा। इस दूर देश के सन्नाटे में जब मैं उसे

पढ़ता हूं जैसा कि इस समय यही कर भी रहा हूं, तो जीवन के बारे में आपकी सुंदर सोच मेरे दिल को छू लेती है। यह स्थिति पेरिस से भी ज्यादा मैं यहां महसूस करता हूं जहां हर चीज अजनबी लगती और वहां के शोरगुल में विचार मानों कांपने और धुंधले पड़ने लगते थे। इस जगह जहां जमीन पर समुन्दर की हवाएं चलती हैं, मुझे लगता है कोई भी इंसान आपके सवालों का जवाब नहीं दे पाएगा और उन भावनाओं का अर्थ भी नहीं बता पाएगा क्योंकि उनमें उनका अपना ही एक जीवन है। यहां तक कि अच्छा से अच्छा लेखक भी अपनी भावनाओं की अभिव्यक्ति में तब चूक कर सकता है जब उससे उन धूमिल संवेगो की व्याख्या करने के लिए कहा जाता है जो कि शब्दों से परे हों।

बहरहाल, आपको उत्तर से वंचित नहीं रहना पड़ेगा बशर्ते आप उन चीजों से चिपके रहें जो मुझे फिर से युवा बना रही हैं। यदि आप प्रकृति, उसकी सादगी और उन छोटी-छोटी चीजों, जो काबिलेगौर नहीं होतीं – के समीप रहते हैं तो ये आपके लिए बेहद महत्वपूर्ण बन सकती हैं। यदि आप उनसे स्नेह करेंगे जो तुच्छ प्रतीत होती हैं और विनम्रतापूर्वक एक सेवक की तरह उनका विश्वास जीतने की कोशिश करेंगे तो सबकुछ आसान, सामंजस्यपूर्ण और मैत्रीपूर्ण बन जायगा; यह आपकी बुद्धि के लिए नहीं है जोकि संभवतः अचरज में पीछे रह जायगी पर यह आपकी चेतना, सजगता और भीतरी ज्ञान के लिए है।

आप युवा हो और जिन्दगी शुरू करने जा रहे हो। आपसे अनुरोध करता हूं कि आप उन सभी मुद्दों पर धीरज रखें जो कि आपके हृदय में इस वक्त अनसुलझी स्थिति में हैं। सवालों के प्रति वैसा ही स्नेह रखें जैसे बंद कमरे में ताला लगा हो या फिर पराई भाषा में किताब लिखी हो। अभी तुरंत इनके जवाब मत तलाशिए। अभी आपको इनके उत्तर नहीं मिलेंगे क्योंकि वे आपकी समझ से परे हैं। बात अनुभव करने की है। अभी तो आपको सवालों के साथ जीना है। फिर शायद किसी दिन बिना ध्यान दिए ही अपने आप आपको इनके जवाब मिल जायंगे। एक आनंदित जीवन शैली को रूप देने और रचने की क्षमता शायद आप में विद्यमान है। उसे पाने के लिए अनुशासित रहें, पर जो आए उसे विश्वास के साथ स्वीकार करना सीखिए; जब वह आपकी स्वेच्छा और

अंतर प्रेरणा से आए स्वीकार कीजिए और किसी चीज से घृणा न करें।

कामुकता से निपटना कठिन है, पर जो भी चीज हमारे सामने आए, वह एक चुनौती ही होती है। तकरीबन हर वो चीज जो हमारे लिए मायने रखती है, वह चुनौती ही है और हर चीज मायने भी रखती है। जब आप इस बात को समझ लोगे और अपनी शर्तों पर अपनी कामुकता के संबंधों को रूप दोगे, अपने स्वभाव, रूझान और व्यक्तित्व के अनुरूप अनुभव प्राप्त करोगे तथा अपने बचपन और अपनी शक्ति को पहचानोगे तब तुम्हारे मन से भय निकल जायगा और अपने को कभी इसके नाकबिल नहीं समझोगे साथ ही साथ जीवन के अत्यन्त महत्वपूर्ण स्वत्व को समझ सकोगे।

दैहिक कामुकता को तो उस ऐंन्द्रीय अनुभव की तरह लेना जो एक अबोध के कुछ देखने जैसा, से अलग नहीं है, या आनंद की उस अनुभूति की तरह है जो किसी पूरी तरह से पके हुए फल को देखकर जीभ पर आ जाता है। यह हमें एक बेहद शानदार और असीम अनुभव प्रदान किया गया है तथा अपने साथ परिपूर्णता और बोध लिए हुए यह संसार का एक उपहार है। इसका स्वागत कर स्वीकार करना बुरी बात नहीं है। बुराई यह है कि हममें से अधिकतर लोग इसका दुरूपयोग करते हैं और बर्बाद कर देते हैं। वे अपने नीरस जीवन में प्रलोभन बनाकर इसे ध्यान हटाने के लिए इस्तेमाल करते हैं न कि ऊंचाईयों तक पहुंचने के लिए इसे केंद्र बिन्दु बनाते हैं।

आदमी ने तो खाने की चीज को भी अन्य चीजों में बदल दिया है। जहां एक ओर कमी और दूसरी ओर अति ने मूल जरुरत की स्पष्टता को धूमिल कर दिया है। इसी तरह जीवन की हर सीधी सरल आवश्यकता जिससे जीवन को नवजीवन मिलता है, आपस में घुलमिल कर धुंधली हो गई है। व्यक्तिगत तौर पर मनुष्य विशुद्ध होकर जी सकता है जब तक कि वह दूसरों पर निर्भर न हो और अकेलेपन से उसका पक्का समझौता रहे।

हम यह सारी सुंदरता जानवरों और पेड़ पौधों में देख सकते हैं जिनकी मौन सहनशीलता एक तरह के प्रेम और आकांक्षा का ही स्वरूप है। हम जैसे जानवरों को देखते हैं वैसे ही पेड़-पौधों पर नजर डाल

सकते हैं, वे कैसी शांति और स्वेच्छा से आपस में मिलते हैं, एक से दो, दो से चार होते हैं, विकसित होते हैं। वहां ऐसा किसी शारीरिक आग्रह से नहीं होता है, ना ही किसी शारीरिक पीड़ा वश ही बल्कि जो होना चाहिए, वही होने देने में शिरकत की तरह। आज की व्यवस्था कामना और दुःख दोनों को लांघ जाती है जो कि इच्छाशक्ति और प्रतिरोध से अधिक बलवान है। यह धरती अपनी छोटी से छोटी चीज में इस रहस्य को समाए हुए है। हमलोग तो इस रहस्य को बस विनम्रता पूर्वक स्वीकार ही कर सकते है, अधिक उत्साह से सह सकते हैं, बर्दाश्त कर सकते हैं और बजाय हल्केपन से लेने के यह महसूस कर सकते है कि दरअसल यह कितना कठिन है।

वाह, हम लोग अपनी उर्वरक शक्ति को अत्यन्त सम्मान के साथ बचा कर रखते है, जोकि है तो वास्तव में एक ही और जो शारीरिक एवं ईश्वरीय में एक ही लगती है। दैवी रचना भी तो शरीर से ही उत्पन्न होती है। इसका सार तत्व तो एक ही है, दैवी रचनात्मकता सौम्य है, अधिक आनंददायी है और इसकी पुनरावृत्तियां शारीरिक इच्छापूर्ति और संतोष में अधिक स्थाई हैं। एक इच्छा जो सृजन करना चाहती है, पैदा करना चाहती है, जो विकास की परंपरा को निर्देशित करना चाहती है वह विश्व में प्रत्यक्षीकरण की स्थाई इच्छा से सिवा कुछ भी नहीं है। पदार्थ और पशुओं की हज़ार गुना रज़ामंदी के बगैर भी कुछ नहीं है। इसका आनंद इसी वजह से अकथनीय रूप से सुंदर और बड़ा है क्योंकि यह लाखों बार के वंशनुक्रम से प्राप्त प्रजनन और पैदाइशों की यादों से भरा हुआ है। प्रजनन के एक विचार के साथ हजारों रातों की भूली बिसरी रातों का प्यार एकत्रित हो जाता है और वह विचार उन्नत भाव से संतुष्ट हो जाता है। वे जो रात के अंधेरे में मिलकर भावावेश के आलिंगन में झूमते हैं, वे बहुत ही गंभीर काम को अंजाम दे रहे होते हैं। वे भविष्य के किसी कवि की काव्य रचना के लिए जो कि अवर्णनीय आनंद की बात करेंगे, मिठास, शक्ति और गहराई एकत्रित कर रहे है। वे आंखों पर पट्टी बांधे आलिंगन में, भविष्य को वर्तमान बनने तक के लिए रूकने की विनती करते है। इतना होने पर भी वे गल्ती पर होते हैं क्योंकि भविष्य आता तो है पर प्रकृति के नियम के अनुसार एक नए

व्यक्ति के रूप में, एक ऐसे शक्तिशाली बीज के रूप में जो खुद को उस गर्भाशय के अंदर प्रविष्ट कराता है जो उसे इच्छापूर्वक आमंत्रित कर रहा होता है।

सतही चीजों से अपने आप को भटकाइए मत। गहराई में जाकर सभी एक नियम बन जाती हैं। जो लोग इस भेद को सही मायने में जी नहीं पाते वे अपने लिए सब कुछ खो देते हैं। यहां तक कि वे इसे लिफाफा बंद चिठ्ठी की तरह उसे बिना जाने आगे बढ़ा देते हैं। बहुत सारे नामों और उनकी उलझनों से भ्रमित मत हो। इन सबसे परे, शायद महान मातृत्व है जो पारस्परिक अभिलाषा बनकर अभिव्यक्त होती है।

किसी अक्षता कुमारी का सौंदर्य जो एक सत्ता भी है जैसा कि तुम ठीक ही कहते हो कि उसने अभी तक ऐसा कुछ भी नहीं किया है, लगता है मातृत्व अपने आप उपकृत होना चाहता है, वह अभी तैयार हो रहा है, जिसमें फिलहाल भय और कामना भरी है। मां की शोभा मातृत्व निभाने में है और जो अनुभवी हैं उनमें यादें बसती हैं।

मुझे लगता है पुरुष में भी शारीरिक और आध्यात्मिक मातृत्व होता है। प्रजनन में उसकी भागीदारी भी एक तरह का प्रसव ही है और यह प्रसव तब होता है जब वह अपने अंतरतम से अपनी सारी शक्ति उड़ेंलता है।

शायद लिंगों का रिश्ता उससे भी गहरा हो जितना हम समझते हैं। संभव है कि आगे भविष्य में पुरुष और नारी असंगत भावना और इच्छाओं से मुक्त होकर एक दूसरे को विपरीत नहीं समझेंगे किन्तु एक ही परिवार के सदस्य एवं पड़ोसी समझ मानव बनकर जुड़ेंगे। इसप्रकार उनकों सौंपी गई कामुकता की जिम्मेदारी का निर्वाह मिलजुल कर सादगी, धैर्य और गंभीरता से कर सकेंगे। जिसकी अकेलेपन से संधि हो चुकी हो उसके लिए आज भी वो सबकुछ संभव है जो भविष्य में मानव के लिए संभव हो सकता है और इसकी संभावना कम है कि वे गल्ती करेंगे। इसलिए मेरे प्यारे दोस्त, अकेलेपन को गले लगाकर उसे प्यार कीजिए। उसका दर्द सहना सीखिए और उसके संग गुनगुनाइए। आप कहते हैं कि जो आपके अज़ीज़ हैं वे आपसे दूर हैं। इससे यह प्रतीत होता है कि आपका विस्तार बढ़ रहा है तब आपको लगेगा कि

आप इतनी दूर चले गए हैं मानों सितारों में से एक हैं। आपका क्षितिज काफी विस्तृत हो चुका है। अपने इस विकास का आनंद मनाइए, इसमें कोई अन्य शामिल नहीं हो सकता।

जो आपसे बिछुड़ गए हैं उनके साथ अच्छा बर्ताव करिए और उनकी मौजूदगी में शांत एवं आत्मविश्वास से पूरित रहिए। अपनी शंका से उन्हें दुःखी मत कीजिए और अपने विश्वास और उल्लास से उन्हें चकित भी मत कीजिए क्योंकि वे उसे समझ नहीं पाएंगे। उनके साथ ऐसा सरल रिश्ता बनाएं जिसमें आपसी समन्वय की भावना हो और जो आपके बदल जाने पर भी ना बदले। उनके जीवन से भी प्यार कीजिए यद्यपि वो आपसे भिन्न होगा। बुज़ुर्गों के प्रति संवेदनशील रहें क्योंकि जिस अकेलेपन पर आप विश्वास करते हैं उससे वे डरते हैं। माता पिता और बच्चों के बीच के तनाव से बचे रहिए। इन घटनाओं से बच्चों की ऊर्जा नष्ट होती है और बड़ों का प्यार भी। उनके प्यार में फिर भी वो नरमी है जिसे समझना मुश्किल है। शक्ति और दुआओं में यकीन रखें और प्यार में आस्था जोकि आपके लिए धरोहर की तरह सुरक्षित रखा जायगा। अपने उत्तरोत्तर विकास की लालसा में उनके सानिध्य का परित्याग मत करिए। यह अच्छा है कि आप अपने पेशे में जम रहे हैं। यह आपको स्वाधीन बना देगा और आप हर तरह से अपने आप पर ही निर्भर होंगे। धीरज के साथ इंतजार करिए और देखिए कि आपकी अंतरात्मा अपने इस पेशे से स्वयं को ही बंधन में तो नहीं समझ रही है क्योंकि इसे बहुत कठिन और बहुत अधिक अपेक्षा करने वाला समझ रहा हूं। वैसे यह परंपराओं के उस बोध से दबा हुआ है जो मुश्किल से आपकी अपनी सोच के मुताबिक जो कार्य है उसका आपको मौका देगा। फिर भी आपका एकान्त से जो समझौता है वही आपका साथ देगा साथ ही साथ इन अनजान मुसीबतों में संतोष भी। अब इसी अकेलेपन से आप अपना पथ पाएंगे। मेरी शुभकामनाएं आपके साथ हैं और मेरा विश्वास आप में है।

आपका

*रेनर मारिया रिल्के*

पांचवां
पत्र

*"यहां बहुत अधिक सुंदरता है क्योंकि
सभी जगह बहुत सुंदरता है।"*

रोम
29 अक्टूबर 1903

प्रिय महोदय,

आपका अगस्त 29 का पत्र मुझे फ्लोरेंस में मिल गया था पर दो महीने बाद ही मैं इसके बारे में आपको बता सका। देरी के लिए माफी चाहता हूं। वैसे सफर में पत्र लिखना मुझे अच्छा नहीं लगता क्योंकि लिखने के साधन के अलावा मुझे और भी कुछ चाहिए। इसके लिए मुझे एकांत, शांति और कम से कम एक घंटे के मनोनुकूल वातावरण की जरुरत होती है।

छ: हफ्ते पहले हम रोम पहुंच गए और तब यहां गर्मी, खालीपन और बीमारी का माहौल था। ऐसे वातावरण और रहने की दिक्कत ने एक अशांति सी पैदा कर दी थी जो कि खत्म होने का नाम ही नहीं ले रही थी; अजनबी परिवेश और अस्थाई निराश्रय ही इसकी वजह थी। रोम के लिए जो नए हैं, उनके लिए शहर पहले कुछ दिनों तक कष्टदायक होता है। शहर के सुनसान, निर्जन वातावरण से जैसे किसी म्यूजियम में होता है, मैं भी प्रभावित हुआ। यहां भूतकाल के अतिशय अवशेष पुनर्जीवित किए गए हैं और उनका अनुरक्षण भी गंभीरता से

हुआ है। वैसे इनमें से कुछ ही मशहूर हैं। ये विरूपित और बासी अवशेष संयोगवश किसी और युग और किसी और तरह की जिन्दगी के हैं, जो हमारे नहीं हैं और न ही इन्हें हमारा माना जाना चाहिए। वैसे शोध छात्र, भाषा शास्त्री और पर्यटक जो आदतन इटली सैर करने आते हैं, इन्होंने इनका वास्तविक से अधिक मूल्यांकन किया है।

वे हफ्तों की ज़द्दोजहद के बाद ही थोड़ा शांत हो पाते हैं पर थोड़े व्याकुल भी रहते हैं। वे मन ही मन कहते हैं, इस जगह की खूबसूरती अन्य जगहों से अधिक तो नहीं। इन चीजों को कलाकारों की मेहनत से पुनर्जीवित किया गया है। ये हमेशा से यहीं रहे हैं और अतीत और वर्तमान में इनको पूजा और सराहा जाता रहा है तथा भविष्य में भी इनके साथ यही होगा। वैसे ये चीजें कुछ मायने नहीं रखती क्योंकि इनमें दिल नहीं है और इसीलिए इनकी कोई कीमत नहीं हैं, मगर फिर भी इनमें बहुत सुंदरता है ।

यहां बहुत अधिक सुंदरता है क्योंकि सभी जगह बहुत सुंदरता है। बड़े शहर की नहरों से बहती और कभी न खत्म होने वाली जल धाराएं शहर के चौराहों, सफेद पत्थरों के कलशों पर नाचते हुए चौड़े जलाशयों में फैल जाती हैं। ये दिन में तो सरसराती हैं और रातों में तेज आवाज करती हैं। यहां की रातें हवाओं में नमी लिए हुए बड़ी और तारों भरी होती हैं। यहां बगीचे हैं और इनके द्वार पेड़ों से बने हैं। यहां की सीढ़ियों की कल्पना माइकल एंजेलो ने की है और नीचे की तरफ फिसलते पानी से प्रेरित इसकी चौड़ी सीढ़ियां मानों एक बाद दूसरी को वैसे ही जन्म देती प्रतीत होती हैं जैसे एक लहर दूसरी लहर को जन्म देती है। ये नजारे आपको शांत करते हैं और बोझ डालने वाले शोरगुल से भी बचाते हैं। (वैसे ये कितनी बातूनी हैं) । यहां व्यक्ति उन चीजों की पहचान करना सीखता है जिनमें शाश्वतता बसती है, जिन्हें प्यार किया जा सकता है और साथ ही वह इस एकांत का हिस्सा भी बन सकता है।

मैं अब भी इसी शहर कैपीटोल में हूं, घोड़े और घुड़सवार की सुंदर प्रतिमा के पास तथा यहीं मार्क्स और लिउस की प्राचीन रोमी कला को हमारे लिए सुरक्षित रखा गया है। कुछ ही हफ्तों में मैं एक शांत और छोटे से कमरे में चला जाऊंगा जो कि एक विशाल बाग के बीचो-बीच

शहर के शोरगुल से दूर छिपी हुई स्थिति में है। में वहां शीत ऋतु काटूंगा और एकांत का आनंद उठाऊंगा। मुझे उम्मीद है कि मुझे वहां मधुर समय का तोहफा और घंटों की उपलब्धि मिलेगी।

वहां मुझे घर जैसा महौल मिलेगा और मैं आपको लंबा पत्र लिखूंगा जिसमें आपके लेखन की भी चर्चा होगी। आज मुझे आपको यही बताना है (शायद ये बात मुझे पहले ही बतानी चाहिए थी) कि आपने अपनी चिठ्ठी में जिस किताब के बारे में बताया था और उसमें आपका लेखन भी था, मुझे अभी तक नहीं मिली है। शायद वोप्र्स्वेद से डाक आपको वापस कर दी गई हो? क्योंकि दूसरे देश भेजी गई डाक आगे नहीं बढ़ाई जाती। संभवतः इसके साथ भी यही हुआ है वैसे मैं इस बात की पुष्टि चाहता हूं। आशा करता हूं कि आपको कोई नुकसान नहीं हुआ होगा। मुझे खेद है कि इटली में इस तरह की घटना असामान्य नहीं है।

आपसे संबंधित हर चीज की तरह आपकी किताब प्राप्त करने में मुझे खुशी होती। इस बीच आपने यदि कविताएं लिखी हों और यदि वे आप मुझे देना चाहते हैं तो मैं उन्हें बार-बार पढ़ूंगा और गंभीरता से पढ़ते हुए उनका भरपूर आनंद लूंगा।

शुभकामनाओं सहित

आपका

*रेनर मारिया रिल्के*

छठा
पत्र

*"उस दुनिया पर विचार कीजिए*
*जो आपके भीतर है और*
*इस विचार को कोई भी नाम दीजिए....*
*आपकी अंतरतम घटनाएं*
*आपके प्यार के काबिल हैं।"*

रोम
23 दिसम्बर 1903

मेरे प्यारे श्री काप्पुस

क्रिसमस के अवसर पर मैं आपको बिना बधाई के नहीं रहने दूंगा क्योंकि यही वो समय है जब अकेलापन आपको भारी लगता होगा। जब भी आपको लगे कि आपका अकेलापन बहुत बड़ा हो गया है तब आप इसपर खुश हों। अपने आप से पूछिए कि ऐसा भी क्या अकेलापन जो महान न हो? ऐसा अकेलापन तो महान होता है और उसे झेलना आसान भी नहीं है। ऐसे अकेलेपन की घड़ियां हर किसी के जीवन में आती हैं जिन्हें हम किसी सस्ते या छुद्र साथ या किसी दोयम दर्ज़े की या फिर किसी नकारा चीज से बदलना चाहते हैं। पर शायद यही वो समय है जब अकेलापन पनपता है। वैसे इसका विकास उतना ही दर्दनाक है जितना एक युवा के विकसित होने का और वसंत ऋतु के आगमन जैसा उदास।

आप मगर इस उलझन में मत पड़िए। आपके लिए अकेलापन और आंतरिक एकांत बहुत ज़रूरी है। आपको घंटो अपने भीतर रहने और किसी से न मिलने की स्थिति को पाने की कोशिश करनी चाहिए। जैसे एक बच्चा अकेले होता है आपको ठीक वैसी ही स्थिति में आना है जबकि बड़े उलझे हुए इधर-उधर घूमते फिरते हैं, मानों कुछ बहुत गंभीर काम हो और कोई भी उनकी इस व्यस्तता की वजह समझ नहीं पाता है। ऐसे अकेलेपन का लक्ष्य होना चाहिए और तब समझ में आता है कि उनके कार्यकलाप केवल छिछले थे और उनकी जीविका ठप्प हो चुकी है और उनके जीवन से इसका कोई वास्ता नहीं है। फिर क्यों न उस बच्चे के नजरिए से दुनिया को देखें, अपनी ही दुनिया की गहराइयों से, अपने विराट एकान्त से जो कि अपने आप में नौकरी, ओहदा और जीविका है। क्यों कोई इस ज्ञानपूर्ण अज्ञानता को विरोध और घृणा से अदला-बदली करना चाहे क्योंकि अज्ञानता ही एकान्त है और विरोध और घृणा तो उन मामलों में फंसना है जिनसे हम हमेशा छुटकारा पाना चाहते थे।

मेरे प्यारे दोस्त सोचिए और आप उस दुनिया पर विचार कीजिए जो आपके भीतर है और इस विचार को कोई भी नाम दीजिए। ये आपके बचपन की यादें या फिर आपके भविष्य की अभिलाषा भी हो सकती है। बस ध्यान दीजिए कि आपके अंदर से क्या निकलता है और जो चीजें आपके आस-पास हो रही हैं उसे प्राथमिकता दीजिए। आपकी अंतरतम घटनाएं ही आपके प्यार के काबिल हैं।

दूसरों को अपनी स्थिति समझाने में समय मत गंवाइए। मुझे पता है आपका पेशा कठिन है और मुझे मालूम था कि आप इसकी शिकायत जरूर करेंगे। अब जब यह आ ही गया है तब मैं आपको कोई आश्वासन नहीं दूंगा। मैं केवल आपको इस बात से गंभीरता से सोचने का परामर्श दूंगा कि क्या सभी पेशे एक समान नहीं हैं, वैसे ही तनाव से भरे हुए जिनमें मनुष्य के प्रति घृणा से भरे लोग हैं और उन लोगों की नफरत सोखते हुए जो चुप चाप मुंह फुलाए हुए उसी काम को स्वीकार कर लेते हैं। जिन हालात को आप मजबूर होकर झेल रहे हैं वे किसी अन्य हालात की तुलना में परंपराओं के बोझ से भारी और पक्षपात व त्रुटियों

से भरपूर नहीं हैं। यदि आपको लगता है कि कहीं और अधिक आजादी है तो जान लें कि ऐसी कोई जगह नहीं है जो आपके असली जीवन में महत्व रखने वाली चीजों से संबंधित हो। केवल वही व्यक्ति जिसे अकेलेपन का एहसास हुआ हो, इनके अलौकिक नियमों से बंधा है। ऐसा व्यक्ति जो दिन के उजाले में निकलता है या सांझ के घटनाक्रमों को समझता है और जो कुछ हो रहा है उसे वह समझ में आता है तब सभी परिस्थितियां उससे वैसे ही दूर हो जाती हैं जैसे की किसी शव से दूर हो गई हों परन्तु इस स्थिति में भी वह जीवन के मध्य में ही खड़ा रहता है।

फौज के अधिकारी होने के नाते, प्रिय श्री काप्पुस आपके लिए इस चेतना का अनुभव आवश्यक है। आपके लिए यह समझना जरूरी है कि यदि आप किसी भी पेशे में होते तो भी आपको यही एहसास होता। यदि आप अपने पेशे से हट कर भी समाज से रिश्ता जोड़ते तो भी इस प्रतिबंध के एहसास से बच नहीं पाते। ऐसी स्थिति सभी जगह है पर इससे डरने या उदास होने की जरूरत नहीं है। जब भी आपको लगे कि आप और आपके आस पास के लोगों के बीच संबंध जुड़ नहीं पा रहा है तब आप उन चीजों के करीब आने की कोशिश करिए जो कभी आप के अलग नहीं होंगी। वो रातें और हवाएं जो पेड़ों से गुजर कर अनेक देशों पर चलती हैं, अभी भी हैं। चीजों में और जानवरों में ऐसी घटनाएं अभी भी होती हैं जिसमें आप शरीक हो सकते हैं। जब आप अपने बचपन को याद करेंगे तब आप दुबारा वही जीवन जी सकते हैं जहां बड़े मायने नहीं रखते और उनका बड़प्पन किसी मतलब का भी नहीं है।

अगर आपको बचपन याद करने में या एकांत की सादगी को जो कि बचपन जैसा ही होता है, दुविधा या कष्ट होता है तब आपका ईश्वर पर विश्वास नहीं है जोकि उन्हीं जगहों पर बार बार महसूस होते हैं; ऐसी स्थिति में प्रिय श्री कप्पुस अपने आप से पूछिए कि कहीं आपने ईश्वर को खो तो नहीं दिया या फिर ये सच तो नहीं कि आपने अभी तक उसे प्राप्त ही नहीं किया? ऐसा कब हुआ होगा? आपने ये तो नहीं सोचा कि उसे एक बच्चे ने संभाला होगा जिसे संभालना बड़ों को

चुनौतीपूर्ण लगता है और जिसके बोझ तले बुजुर्ग कुचले जाते हैं। क्या आप समझते हैं कि उसे पाने के बाद किसी कंकड़ की तरह खो देना आसान होगा? या यह भी तो संभव है यदि आप मानें कि ईश्वर ने ही उसे खो दिया जिसने उसे हासिल किया था? यदि आप इस निश्कर्ष पर पहुंचते हैं कि ईश्वर ना आपके बचपन में था ना उससे पहले और ये अनुमान लगाते हैं कि ईसा को उनकी ही करूणा ने ठग लिया और मुहम्मद अपने ही अभिमान से धोखा खा गए और यदि हम निराशा से इस नतीजे पर पहुंचते हैं कि उनका अभी भी कोई अस्तित्व नहीं है जब कि अभी हम उन्हीं की बातें कर रहे हैं। ऐसे शख्स को जिसका कोई अस्तित्व नहीं है, ढूंढने का आपको क्या अधिकार है, जैसेकि आपके अतीत काल से कोई खो गया हो?

उसके बारे में आप ऐसा क्यों नहीं सोचते कि भविष्य में कोई आने वाला है, ठीक वैसे ही जैसे पका हुआ फल पेड़ को छोड़ता है। उसके जन्म को भविष्य में क्यों नहीं उछाल देते और यह मानकर जीवन बसर करते कि यह आपकी गर्भावस्था के इतिहास का एक दुःखद पर सुनहरा दिन है। आप यह क्यों नहीं देख पा रहे हैं कि जो भी घटित हो रहा है बार-बार एक शुरुआत होने जा रही है और चूंकि यह शुरुआत सुंदर हो तो कहीं उसी की तो नहीं? अगर वो परिपूर्ण है तो जो अधूरे हैं वे उनसे पहले नहीं आते ताकि उसी विराट भरमार से वे अपने आप को चुन सकें। वो आखिर क्या इसलिए नहीं कि अपने में वे सबकुछ समेट लें? और हमारे अस्तित्व का क्या मतलब रह जायगा यदि वो, जिसके लिए हम तरसते हैं अतीत में भी मौज़ूद था?

हर चीज की मिठास निचोड़ कर हम उसका वैसे ही निर्माण करते हैं जैसे मधुमक्खी शहद इकट्ठा करती है। हर छोटे से छोटे कम महत्वपूर्ण काम को यदि प्रेम से किया जाय और इस काम की शुरुआत आराम से मौन रखते हुए आनंदपूर्वक बिना किसी सहयोग या साझेदार के, अकेले ही की जाय तब यह एक ऐसा काम होगा जिसका अनुभव हमने अपने जीवन में पहले कभी नहीं किया होगा, यहांतक कि हमारे पूर्वजों को इसका अनुभव नहीं हुआ होगा। हालांकि जो अतीत के हैं, हममें जीवित हैं, हमारी प्रेरणा बनकर, हमारे भाग्य का बोझ बन कर,

हमारा रक्त बनकर जिसका तीव्र प्रवाह हम सुन सकते हैं और समय की गहराईयों से संकेत की भांति ही यह महसूस होता है।

क्या अब भी कोई ऐसी चीज है जो आपको भविष्य में किसी दिन उस सर्वश्रेष्ठ का हिस्सा बनने से रोक सकती है जैसे वो आपके अतीत में थी?

इस पावन अनुभूति के साथ क्रिसमस मनाइए प्रिय श्री काप्पुस, कि शायद वो यही चाहता है। शायद आपके परिवर्तन के इन दिनों में वो आपके हर कार्य से प्रभावित हो। शायद आप उसपर अपनी छाप ठीक वैसे ही छोड़ रहे हैं जैसा आपने अपने बचपन में सहजता से किया था।

धीरज रखिए और बिना द्वेष के रहिए। विश्वास रखिए कि आप उनके विकास को आसान बनाएंगे जैसे धरती बसंत के लिए तब करती है जब वो प्रकट होना चाहता है।

खुश रहिए, आश्वस्त रहिए।


आपका

*रेनर मारिया रिल्के*

# सातवां
# पत्र

*"हमें संघर्ष को गले लगाना पड़ेगा।*
*हर जीव इसे मानता है।*
*प्रकृति में हर चीज अपने ही*
*ढंग से संघर्ष करती है*
*और विकसित होती है*
*तथा अपनी पहचान बनाती है और*
*इसके लिए वह हर कीमत पर,*
*हर विरोध के सामने अड़ी रहती है।"*

रोम
14 मई 1904

मेरे प्यारे काप्पुस

आपका पत्र मिले बहुत समय बीत गया, मुझे गलत मत समझना। पहले काम, फिर अवरोध और फिर बार-बार बीमारी की वजह से मैं इसका जवाब न दे सका। मैं चाहता था कि अच्छे और शांत दिनों में जवाब दूंगा। अब थोड़ा बेहतर हूं। यहां अपना अप्रिय और अस्थाई मिजाज़ लिए, बंसत का आगमन हो चुका है। मै बहुत प्रसन्नता के साथ आपका फिर से अभिवादन करता हूं और अपने सामर्थ्य की सीमा में रहते हुए उत्तर देने की कोशिश करता हूं।

मैनें आपके पदों की नकल उतारी है क्योंकि वह मुझे सरल और सुंदर लगी तथा यह अपनी लय में शांति और सुंदरता के साथ बहती है। आपकी जितनी कृतियां पढ़ने को मिलीं, उनमें यह सबसे उत्तम है। अब मैं आपको अपने हाथ से लिखी प्रति दूंगा। जानता हूं यह आपके लिए खास और नया अनुभव होगा। अगर आप इसे यह मानकर पढ़ेंगे कि आपने इसे पहले कभी नहीं पढ़ा तो आप अपने अंदर अपनेपन का एक नया एहसास पाएंगे।

मैंने बहुत आनंद के साथ आपके पद एवं पत्र पढ़े और इसके लिए मैं आपको धन्यवाद देना चाहता हूं। अपने अकेलेपन से यदि कोई चीज छूट कर निकलना चाहती है तो घबराइए नहीं। इस इच्छा को अगर आप साधन बनाकर इस्तेमाल करते हैं तो ये आपको अपने एकाकीपन को दूर क्षेत्रों तक फैलाने में मदद करेगी। लोगों ने परंपराओं के सहारे बहुत कुछ आसानी से सुलझाया है पर यह स्पष्ट है कि हमें संघर्ष को गले लगाना पड़ेगा। हर जीव इसे मानता है। प्रकृति में हर चीज अपने ही ढंग से संघर्ष करती है और विकसित होती है तथा अपनी पहचान बनाती है और इसके लिए हर कीमत पर हर विरोध के सामने अड़ी रहती है। बहुत कम चीजों के बारे में हम निश्चित रह सकते हैं पर हमें संघर्ष करना है यह तय है। अकेले रहना अच्छी बात है पर अकेले रहना आसान नहीं है क्योंकि कुछ चीजें मुश्किल होती हैं पर उन्हें कर दिखाना जरूरी हो जाता है।

प्यार मुश्किल है पर अच्छा भी है। एक मानव के लिए किसी अन्य मानव से प्यार कर पाना उसके सभी कामों से अधिक कठिन काम हैं, यही तो प्रतिमान और सर्वोच्च परीक्षा है। यह वह ललक है जिसके बाद की सभी इच्छाएं तो तैयारी मात्र हैं। जो युवा हर चीज में नौसिखिए होते है वे अभी प्यार नहीं कर सकते; उन्हें पता ही नहीं है कि प्रेम कैसे किया जाता है। उन्हें यह सीखना पड़ेगा। उन्हें अपने तन-मन से, पूरी ताकत से जो उनके सूने और बेचैन हृदय को घेरे है, इससे उन्हें प्यार करना सीखना होगा और सीखने की इस प्रक्रिया में वो समय भी शामिल होगा जिसे एकांत के लिए अलग रखा गया है। निरंतर और उम्र भर प्यार करना अकेलापन ही तो है वैसे यह सब उनके लिए है जिन्हें प्यार हो गया हो।

पहले-पहल प्यार का, उत्तेजना या समप्रण या मिलाप से कोई वास्ता नहीं होता – अनिश्चितता, नादानी और बेतरतीबी में यह कैसा मिलाप? प्यार तो प्रलोभन है परिपक्वता पाने तथा अपने अंतर पूरी तरह विकसित होने के लिए एवं किसी और के लिए विकसित बन कर दिखाने के लिए जो दुनिया को साफ दिखाई दे। ये काम चुनौतीपूर्ण है; इसके लिए अपनी सीमाओं को बढ़ाने की जरूरत है। युवाओं को मिले प्यार का इस्तेमाल उन्हें केवल इन्ही कामों के लिए करना चाहिए यानी दिन-रात अपनी बेहतरी और सुनने के लिए। समप्रण और धार्मिक संप्रदाय अभी उनके लिए नहीं है; अभी और समय तक उन्हें अनुभव हासिल करना होगा। समप्रण तो अंतिम पड़ाव है जिसे कुछ लोग ही हासिल करने की चाहत रखते हैं।

अपने उतावलेपन में अक्सर नवयुवक गंभीर गलतियां कर बैठते हैं। प्यार में जल्दी ही एक दूसरे की तरफ आकर्षित हो जाते हैं। वे भ्रम और अव्यवस्था में अपने आप को कई हिस्सों में विखंडित कर लेते हैं। क्या होगा इसके बाद? इन विखंडित टुकड़ों के साथ भाग्य क्या करेगा, जिसे वे घनिष्ठता कहते हैं और इसे ही वे अपना आनंद भी कहते हैं। उनके भविष्य का क्या होगा? वे दूसरों के लिए अपना आपा खो बैठते हैं और यह सिलसिला आने वाले लोगों के साथ भी जारी रहता है जिन्हें भी वे खो देते हैं। उनके लक्ष्य धुंधले हो जाते हैं और अवसर सीमित हो जाते हैं। वे उठते-थमते रूह की मंद चेतावनियों की निष्फल चंचलता से अदला बदली कर लेते हैं। उन्हें इस जोखिम भरे रास्ते पर निराशा, मुफलिसी और परम्पराओं के सिवा कुछ भी हाथ नहीं लगता। मानवीय अनुभव के इसी क्षेत्र में जीती परंपराएं और कहीं नहीं हैं। ये उतरने के अजीब से साधन हैं; ये नाव और जीवन रक्षक पेटी हैं क्योंकि समाज ने प्यार को मनोरंजन बना कर तैयार किया है। ये सस्ते, सुरक्षित और भरोसेमंद आम मनोरंजन साधन के रूप में आसानी से उपलब्ध है।

यह सच है कि जो युवा प्यार में गल्ती करते हैं और आत्मसमर्पण कर देते हैं वे एकान्त के लिए स्थान नहीं छोड़ते और असफलता की दुःखद भावना का अनुभव करते हैं। वे अपने ही तरीको से इस अनुभव को और अर्थपूर्ण बनाने की कोशिश करते हैं। उनका स्वभाव उन्हे

बताता है कि प्यार के प्रश्नों को साधना अन्य किसी महत्वपूर्ण मसलों को साधने से कहीं अधिक कठिन होता है। इन्हें वे खुले आम या किन्ही समझौतों से नहीं सुलझा सकते। प्यार के प्रश्न निजी और अंतरंग होते हैं पर जहां बिना कोई सीमा बांधे एक-दूसरे के हो जाते हैं तब भेद करना असंभव हो जाता है, वहां व्यक्तिगत कुछ भी शेष नहीं रह जाता। तो फिर कैसे अपने से बाहर का रास्ता ढूंढे जबकि अंदर के एकांत का रास्ता बंद कर दिया गया हो?

वे इस स्थिति में पारस्परिक सहायता से काम लेते हैं। वे जहां सामने कड़ी परंपरा (जैसे विवाह) से बचने का इरादा करते हैं वहीं और किसी परंपरा के चंगुल में स्वयं को पाते हैं जो दिखने में तो सरल है पर उतनी ही खतरनाक है। वे चारो तरफ से परंपरा के घेरे में खुद को पाते हैं जहां पारस्परिकता, कमजोर बुनियाद वाली जीवन का आधार हो वहाँ हर कार्य पारंपरिक ही होता है। उलझन पैदा करने वाली हर दशा में परंपरा रहेगी चाहे वह कितनी अनोखी क्यों न हो यानी आम धारणा के अनुसार अनैतिक। जी हां, अलगाव भी एक पारंपरिक कदम माना जायगा, अव्यक्तिगत, कमजोर और निष्फल निर्णय। जो कोई प्यार के सवाल पर विचार करेगा उसे लगेगा कि यह मृत्यु की तरह का सवाल है और यह उतना ही कठिन भी है तथा इसका कोई प्रबुद्ध उत्तर, कोई उपाय, कोई रास्ता तक नहीं पाया गया है। यही दो सवाल जिन्हें हम अंदर ही अंदर गुप्त रूप से लिए रहते है और जिन्हें बिना सुलझाए ही आगे बढ़ा देते है। इन्हें सुलझाने का आम सहमति वाला कोई सिद्धान्त हम जान भी नहीं पाएंगे।

जितना गहरा जाकर हम इसे खोजेंगे उतनी ही गहराईयों से उभर कर ये हमारे सामने आएंगी। प्यार का चुनौतीपूर्ण कार्य जो हमें विकसित होने का दायित्व सौंपता है, हमें अभिभूत कर देता है। वैसे यह जीवन से कहीं बहुत विशाल भी है। यह चुनौती हम नौसिखियों के लिए बहुत बड़ी है। हम यदि प्यार को बोझ और समय का प्रशिक्षण समझ कर स्वीकार करते हैं बजाय इसके कि जिन्दगी के गंभीर सवालों से बचने के लिए उस छिछोरे खेल में हम हार जायं जिसे लोग अपनी ढाल बनाते हैं तो शायद थोड़ी बहुत प्रगति संभव है ख़ासकर आगे आने वाली पीढ़ी के लिए। वैसे यह बहुत बड़ा काम होगा।

अब हम उस बिंदु पर पहुंच रहे हैं जहां से हम परोक्ष भाव और बिना आलोचनात्मक हुए, व्यक्तिगत रिश्तों का अवलोकन कर सकते हैं। हम बिना किसी आदर्श के ऐसा रिश्ता जीने की कोशिश करते हैं पर हम जैसे कमजोर दिल वाले नौसिखियों के मार्ग दर्शन के लिए कुछ चीजें हमारी है, समय सीमा के अंदर विद्यमान हैं। पहले तो कुछ समय तक विकसित होने की प्रक्रिया में, वो बालिका और नारी, पुरुष की कठोरता की नकल करेंगी और उनकी जीविका व रास्तों को दुहराएंगी। असुरक्षा भरे इस परिवर्तन के दौर से जब नारी निकलती है तब इस बात का खुलासा होता है कि नारी अपने अनगिनत वेश (कई बार बेहूदा) और अनेक बदलावों के ज़रिए मर्दों के विकृत प्रभावों से अपने को शुद्ध कर रही थी। औरतें विकसित और अधिक मानवीय होती हैं क्योंकि उनके अंदर जीवात्मा साफ दिल और अधिक विश्वासपूर्ण रूप में बसती है। आदमी आसानी से जीवन के तल के नीचे खिंच जाता है और अपनी ही शारीरिक निष्फलता और उस प्यार का इज़हार करता है जिसे वे घमंड में कम आंकता है।

औरतों की सादगी भरी मानवीयता जिसका कारण दर्द और दुर्दशा है तब दुनिया के सामने आएगी जब उसके कट्टर नारीवाद का पर्दाफाश होगा तब दुनिया में उसकी अवस्था बदलेगी। वो मर्द जो आज इसे आते नहीं देख पाते, वे चकित और पराजित हो जायंगे। एक दिन (पूर्वी देशों में इसके लक्षण पहले देखे और सुने जा सकते हैं) बिना मर्दों की तुलना किए बालिका और नारी का अस्तित्व होगा। हमारे मन मे पूरकता और परिसीमिता की भावना नहीं होगी इसमें केवल जिंदगी और जीव होंगे तथा नारी एक मानव के रूप में होगी।

यह विकास प्यार के अनुभव को परिवर्तित कर देगा जो कि अभी त्रुटियों से भरा है और इसका पहले उन मर्दों ने विरोध किया जो इस विकास में औरतों से पीछे रह गए। प्यार के अनुभव में इस परिवर्तन से रिश्ते पुनः निर्मित होंगे, दो व्यक्तियों के बीच, आदमी और औरत के बीच नहीं। यह मानवीय प्यार संवेदनशील और मंद स्थिति में पूर्णता तक पहुंचेगा। ऐसे प्यार के लिए हमें शिद्दत से तैयारी करनी पड़ेगी जिसमें दो अकेलेपन सीमा बांधते, एक दूसरे को स्वीकार करते एक दूसरे की सुरक्षा करेंगे।

एक और बात; ऐसा कभी मत सोचिए कि ये महान प्यार जिसे बचपन में आप पर थोपा गया था, कहीं खो गया। ये क्यों नहीं सोचते कि वो दुआएं अब आपके अंदर तैयार हो गई हैं और वे इरादे भी जिनके दम पर आप जीते हैं। मेरा मानना है कि प्यार का उद्देश्य हमारी यादों में ताजा रहता है क्योंकि वही हमारे अकेलेपन के साथ पहला गहरा अनुभव था और जीवन में किया गया पहला कार्य था।

प्यारे श्री काप्पुस, मेरी शुभकामनाएं आपके साथ हैं,

आपका

*रेनर मारिया रिल्के*

# आठवां
# पत्र

꧁

"वो पौराणिक कथाएँ हम कैसे भूल सकते हैं
जो हर मानवजाति की दहलीज़ पर खड़ी हैं।
शायद ये ड्रैगन कथा है जिसमें ड्रैगन आखिरी क्षण में
राजकुमारी बन जाता है। वास्तविकता में
हमारे जीवन के सभी ड्रैगन, राजकुमारी ही हैं
जो कि हमें सुंदर और निडर स्थिति में
देखने के इंतज़ार में हैं।"

बोर्गेबय गार्ड, फलादिए, स्वीडन
12 अगस्त 1904

बताने के लिए मेरे पास कुछ भी नहीं है प्यारे श्री काप्पुस, आपसे कुछ देर बात करने को दिल करता है। आपको बहुत सारे दुखद अनुभव हुए हैं जो अब बीत भी चुके हैं। आपने बताया कि उनका बीतना भी दुखद और कठिन था। प्यारे दोस्त, जरा सोचिए, क्या ये दर्द आपसे होकर नहीं गुज़रा? आपमें बहुत कुछ बदला नहीं क्या? क्या कहीं, किसी जगह जब आप उदास थे, आप बदले नहीं? दुखद अनुभव जो लोगों को डुबोने की नियत से प्रकट होता है, वैसा ही खतरनाक होता है जैसे वह बीमारी जिसका ठीक से इलाज न हुआ हो और जो पलटकर और तीव्र बन कर आ जाती है। ऐसे अनुभव जीव और जीवन को घेर लेते

हैं। इन्हें हम तिरस्कृत और बेकार जिन्दगी कह सकते है जिसे जिया ही नहीं गया हो।

क्या संभव है कि हम अपनी समझ से परे, भूतकाल में अपने ही पूर्वजों के घरों में देख सकते? अगर ऐसा करते तो हम अपने दुःखों को विश्वास और उल्लास के साथ झेल सकते क्योंकि यही वो क्षण हैं जो हमारे भीतर कुछ अजीब से अनुभव लाते हैं तथा हमारी भावनाएँ शर्म से मँद पड़ जाती हैं। हमारे भीतर सभी कुछ एक कदम पीछे हट जाता है। एक सन्नाटा सा छा जाता है और जो हमारे भीतर अभी नया है, बीचो-बीच चुपचाप खड़ा हो जाता है। मुझे यकीन है कि हमारे सारे दुःख तनाव के पल हैं क्योंकि हमारी विरक्ति से हमें जीवन की भावनाओं के संकेत नहीं मिलते हैं। हम डरते हैं कि ये हमें अपंग बना देंगे और हम इस अजनबी अनुभव के साथ अकेले पड़ जाते हैं। एक पल के लिए वो सब हमसे छिन जाता है जो हमें पहचाना और अपना सा लगता था। हम बदलाव के बीच रह जाते हैं जहां खड़े रहना भी मुश्किल है।

इसी कारण दुःख गुजर जाता है; हमारे अंदर जो नया आ गया, दिल में हमारी अंदरूनी कोठरी में प्रवेश कर चुका है और अब वहां भी नहीं है। यह हमारे रक्त में मिल चुका है और हमें पता भी नहीं कि वो क्या था? आसानी से कोई हमें यकीन दिला सकता है कि कुछ नहीं हुआ; फिर भी हम बदल गए जैसे मेहमान के आने पर घर बदल जाता है। हम बता नहीं सकते कौन आया; शायद हमें कभी मालूम भी नहीं होगा पर भविष्य के आगमन के बहुत सारे संकेत इस तरह मिलने शुरू हो जाते हैं जैसे कि वे खुद को हममें बदलने वाला है और इससे पहले कि वो बदलाव जाहिर हो जाए, वे परिवर्तित हो जाते हैं।

इसलिए ये जरूरी है कि जब हम दुःखी हों, अकेले रहें और ध्यान दें। ये साधारण क्षण यानी जब भविष्य हमारे अंदर प्रवेश करता है तब उन आकस्मिक पलों की तुलना में, जिनकी आहट से लगता है कि बाहर से कुछ आ रहा है यह सच्चाई के सबसे करीब होता है। दुःख में हम जितना शांत और धैर्यवान रहते हैं और वो जो नया है उतने ही अटल कदमों से हमारे अंदर प्रवेश करता है और हमारे भीतर उसका समावेश हो जाता है। हम उतने ही विश्वस्त होते हैं कि उसे महफूज

रख पाएंगे और ये भी यकीन हो जाता है कि ये हमारा व्यक्तिगत भाग्य बनेगा और जब बाद में यह "हो जाता है" तब औरों को भी यह बात जाहिर होती है तब इसके साथ खास लगाव हो जाता है। यही जरूरी भी है। ऐसा होने पर हमारा विकास सही दिशा में होने लगता है; कोई अपूर्व घटना नहीं होगी; वो ही होगा जो हमारे साथ होना होता है।

हमें पहले ही गतिविधियों पर विचार करना पड़ा था। अब हम यह पहचानने योग्य हो गए है कि हम जिसे तकदीर कहते हैं वो मानव जाति से ही जन्म लेती है; यह कहीं बाहर से उनमें नहीं आती बल्कि लोगों ने भाग्य को अपना नहीं बनाया और स्वयं में परिवर्तन नहीं किया, यह उन्हीं के भीतर से उपजने वाला है। इसको उन्होंने पहचाना ही नहीं। भाग्य उन्हें इतना अजीब लगा कि उन्होंने सोचा कि वो अभी-अभी कहीं से उनके अंदर प्रविष्ट हुआ है। उनका भाग्य इतना अजीब था कि उलझन और घबराहट में यकीन से वे कहते थे कि उनके भीतर कभी कुछ भी नहीं था। बहुत समय तक जैसे मनुष्य सूरज की गतिविधियों को लेकर उलझा हुआ था वैसे ही वे भाग्य की गतिविधि को लेकर उलझे हुए थे। मेरे प्यारे फ्रांज, भविष्य स्थिर और शांत है पर हम सदा अधर में गतिमान रहते हैं।

हमें मुश्किलों का सामना क्यों नहीं करना चाहिए? अब चलो अकेलेपन के विषय पर फिर से लौटते हैं। अब ये साफ हो चुका है कि वो ऐसी चीज नहीं है जिसे हम चुन सकें या नहीं चुन सकें। हम अकेले हैं। यदि हम सोचें कि ऐसा नहीं है तो हम बस अपने आप को धोखा दे रहे हैं। कितना बेहतर होगा कि इसे सच मान लें कि हम अकेले जीव हैं। इसपर हमारा सिर चकरा जायगा क्योंकि वे सब बिंदु जो अबतक हमारे लक्ष्य थे हमसे छिन जायंगे। हमारे भीतर कुछ भी परिचित या नजदीक नहीं रह जायगा; सब कुछ दूर लगने लगता है।

जो इस परिवर्तन के लिए तैयार नहीं है उसे ऐसी अनुभूति होगी मानों अपने घर से उसे निकाल कर किसी पर्वत की चोटी पर खड़ा कर दिया गया हो। एक अनिश्चितता की अनुभूति या असुरक्षा की कोई अनाम सी चीज उसे खत्म कर देगी। उसे लगेगा कि वह गिर रहा हो या किसी ने उसे अधर में फेंक दिया हो या वो हजार टुकड़ों में फट

जाने वाला हो। सोचिए वो कितना बड़ा झूठ होगा जो किसी की ऐसी दशा बना दे और उसे इस बात का विश्वास दिला दे कि जो अकेला होता है उसकी दशा ऐसी ही होती है। इस स्थिति में जो अकेला हो, उसके लिए दूरी की अनुभूति और परिवर्तन के माप बदल जाते हैं।

कुछ लोगों में तो ऐसे परिवर्तन, उन्हें उनका परिप्रेक्ष्य भुला देते हैं और चोटी पर खड़े मनुष्य में जैसे विचित्र विचार जन्म लेते हैं और विचित्र अनुभव होने लगते हैं और वे सहने की सीमाओं से परे विकसित होने लगते हैं। पर ज़रूरी है कि हम उसे भी महसूस करें। जहाँ तक संभव हो, अभूतपूर्व स्थिति को भी स्वीकार करना होगा। इतना धैर्य तो हमें रखना होगा, उस विचित्र, मौजी और न समझाए जाने वाली स्थिति का हम सामना कर सकें।

लोग ऐसे ही समय बुजदिल हो जाते हैं। यह यथार्थ उनके लिए घातक सिद्ध हुआ है। उन अनुभव को जिसे "भूतिया" कहते हैं, आत्माओं की दुनिया, मौत और इनसे जुड़ीं अन्य सभी बातें हमारे दैनिक प्रतिरोध से जीवन के बाहर हो जाती हैं। यहां तक कि हमारी चेतना जिसकी मदद से इन बातों का हमें बोध होता है, वे भी क्षीण हो जाती हैं। ईश्वर की तो पूछिए भी मत।

अनहोनी का डर न केवल व्यक्ति के अस्तित्व को हीन बना देता है बल्कि व्यक्तिगत संबंधों को भी सीमित कर देता है। मानों जैसे डर ने चीजों की असीम संभावनाओं को भरी नदी के तट से उठा कर किसी बंजर जमीन पर फेंक दिया हो जहां कुछ भी उपजाऊ नहीं है। इस नीरस और नवीकरण रहित दशा के लिए न केवल निष्क्रियता ही जिम्मेदार है अपितु घृणा भी हर नई चीज के लिए, हर अपरिचित अनुभव के लिए जिम्मेदार है जिसे हम मानने से इंकार करते हैं। महज़ ज़िन्दा रहने से बढ़कर, जीवन से रिश्ता केवल उनको नसीब होता है जो जीवन में किसी भी चीज का सामना करने का साहस रखता है, जो रहस्यपूर्णता को अपने जीवन से अलग नहीं करता, वो ही अपने जीवन के बेहतर स्रोत का भरपूर आनंद ले सकता है। अगर हम इस अवस्था की तुलना किसी छोटे या बड़े कमरे से करते हैं तब ये स्पष्ट होता है कि अधिकतर लोग उस कमरे के किसी कोने, शायद खिड़की के पास

टहलते हैं और सिर्फ उसी से परिचित भी होते हैं। इस तरह वे स्वयं को सुरक्षित भी महसूस करते हैं। हालांकि हर अनिश्चितता खतरों से भरी होती है और यही मनुष्य की जिन्दगी के साथ होता है। एडगर एलन पो की कहानियों में ऐसी ही अनिश्चितता का वर्णन है जिसने कैदियों को अपने भयंकर कारागारों की रूपरेखा को समझने के लिए प्रेरित किया ताकि वे उनकी दहशतों से अपरिचित ना रहें।

पर हम तो कैदी नहीं हैं। ना ही हमें मारने के लिए कोई पिंजरा या फँदा है। यहां ऐसा कुछ भी नहीं है जिससे हमें डरना चाहिए। हमें यहां लाया गया है और अनुकूल हलातों के बीच रखा गया । हजारों साल की अनुकूलता के बाद हमने इस जीवन का प्रतिरूप पाया है। यदि हम स्थिर रहते हैं तो हम उन तत्वों से जिनसे हम घिरे हैं, अलग नहीं हो पाएंगे। कोई कारण नहीं कि हम दुनिया पर विश्वास ना करें और जो हमारे खिलाफ भी नहीं है। यदि उसमें भय है तो वो भय हमारे ही हैं। यदि संकट हैं तो वे हमारे ही हैं। यदि इसमें खतरे हैं तो उन्हें हमें अपनाना ही होगा। यदि हम जीने का सिद्धान्त बना लें कि जो मुश्किल है उसे हमें अपनाना है तो हमें जो विचित्र लगता है वो ही सबसे सच्चा और विश्वसनीय लगने लगेगा।

वे पौराणिक कथाएं हम कैसे भूल सकते हैं जो हर मानव जाति की दहलीज पर खड़ी हैं। कथा जिसमें ड्रैगन, आखिरी क्षण में राजकुमारी बन जाता है। शायद ये ड्रैगन, वास्तविकता में हमारे जीवन में राजकुमारी ही है जो इस इंतजार में है कि हम कम से कम एक बार सुंदर और निडर बनें। जो भी हमें भयंकर दिखते हैं, शायद मूल रूप से असहाय हैं और इन्हें हमारी मदद की जरुरत है।

आपको घबराना नहीं है, प्रिय श्री काप्पुस, जब आपके भीतर उदासी का ऐसा उफान हो जिसे आपने पहले कभी अनुभव ना किया हो या आप हर कार्य में अपने आप को बेचैन पाते हैं जैसे आप के हाथ पर बिजली और बादल कौंध रहे हों। विश्वास करें कि आपके साथ कुछ हो रहा है कि जिन्दगी आपको भूली नहीं है। वो अपने हाथों में आपको संभाले है, आप को गिरने नहीं देगी।

अपनी जिंदगी से आप बेताबी, दुःख और उदासी को दूर क्यों रखना चाहते हैं? शायद आपको पता ही नहीं कि ये स्थितियाँ आपको कौन सी पूर्णता प्रदान कर रही हैं। आप क्यों इस प्रश्न पर विचार नहीं करते कि सब कुछ कहाँ से आ रहा है और कहाँ जा रहा है? आपको खबर नहीं कि आप परिवर्तन में हैं और परिवर्तित होने के सिवा कुछ भी नहीं चाहते। अगर आप के जीवन का हिस्सा अस्वस्थ है तो मान लीजिए कि बीमारी एक ज़रिया है जीवाणु को बाहरी दशा से बचाने का। इस अवस्था में आपको उसे बीमार रहने देना होगा तब तक जब तक पूरी बीमारी टूट न जाय। यही उसके विकसित होने की प्रक्रिया है।

आपके भीतर इतना कुछ हो रहा है प्रिय काप्पुस। आपको धैर्य रखना है जैसे किसी बीमारी में और आशावादी रहना है जैसे कोई बीमारी में सुधर रहा हो। शायद आप दोनों हैं और इससे भी अधिक हैं। और तो और आप एक चिकित्सक भी हैं जिसे अपने को भी देखना है। पर हर बीमारी में ऐसे भी दिन होते हैं जब चिकित्सक भी असहाय होता है, बस इंतजार ही कर सकता है और क्योंकि आप अपने ही चिकित्सक हो इसलिए आपको भी अब यही करना होगा।

अपनी ज्यादा आलोचना मत करिए। आपके आस-पास जो हो रहा है इनपर तेजी से किसी भी नतीजे पर मत पहुंचिए। जो होता है, होने दीजिए वर्ना आप अपने बीते कल को दोषी मानने लगेंगे (नैतिक तौर पर), वो जो आपके साथ हो रही हर घटना का हिस्सा है। अनिश्चितताओं, बचपन की इच्छाओं और अभिलाषा के प्रभाव जो आपके वर्तमान पर पड़ रहे हैं, ये वो नहीं जिन्हें आप याद करके आलोचना करते हैं। अकेले और असहाय बचपन की असाधारण दशाएं इतनी उलझी, कठिन और प्रभावों से असुरक्षित होती है और असल ज़िंदगी से कोसों दूर कि जब कोई बुरा इसमें प्रवेश करता है, हम उसे बुरा नहीं कहते हैं।

हमें इस नामावली से ज़रा बच के रहना है। ये उस गुनाह का नाम है जो जिन्दगी को चकनाचूर कर देता है न कि वो व्यक्तिगत और बेनाम क्रिया। उस व्यक्ति ने शायद जरुरत से मजबूर होकर कार्य किया हो।

आप प्रयासों की अधिकता को इसलिए अधिक महत्पपूर्ण मानते हैं क्योंकि आप जीत को बहुत महत्व देते हैं, पर वो इतनी बड़ी नहीं जितना आप समझते हैं। हालांकि यह महसूस करना आपके अधिकार में है। बड़ी चीज तो वह है जो पहले से मौजूद थी और आपको अपनी भ्रांतियों से इसे बदलने की अनुमति दी गई और यही वास्तविकता है। इसके बिना आपकी जीत, बिना अर्थ की महज़ नैतिक होती और प्रिय श्री काप्पुस, आपके जीवन का एक अध्याय पूरा हो चुका है और मेरी शुभकामनाएं आपके साथ हैं।

क्या आप अपने बचपन का स्मरण करते हो कि आपको महानता पाने की कितनी चाह थी? अब मैं देख रहा हूं कि आप और अधिक महानता की कितनी चाह रखते हैं। इसी कारण महानता मुश्किल होने से कभी रूकती नहीं पर इसी कारण उसका विकास भी नहीं रूकेगा।

यदि मुझे आपको एक और बात बतानी हो तो वह यह है:

आप यह मत समझना कि जो आपको अपने शब्दों से तसल्ली देते हैं, जो आपको अच्छे लगते हैं उनकी ज़िन्दगी आसान होगी। उनके जीवन में भी कहीं आपसे अधिक दुःख और उदासी है। अगर ऐसा नहीं होता तो वह उन शब्दों को नहीं ढूंढ पाते।

आपका

*रेनर मारिया रिल्के*

नौवां
पत्र

*"मेरी हमेशा से ये इच्छा थी कि अपने भीतर
आप सहन करने का धैर्य रखें और
आस्था रखने के लिए सरलता एवं विश्वास कीजिए कि
ज़िन्दगी हमेशा सही होती है।"*

फुरूबोर्ग, जोंसरेड, स्वीडन
4 नवम्बर 1904

मेरे प्यारे श्री काप्पुस

मैं कुछ समय के लिए सफर कर रहा था और इतना व्यस्त रहा कि आपको पत्र न लिख सका। मेरे लिए आज भी आपको पत्र लिखना आसान नहीं है क्योंकि इस पत्र से पहले कई और पत्र लिखने पड़े और मेरा हाथ भी थक गया। यदि बोल कर लिखा सकता तो कितना अच्छा होता। खैर, आपके लम्बे पत्र के जवाब में मेरे कुछ शब्द स्वीकार कीजिए।

प्रिय श्री काप्पुस, मैं आपको बहुत याद करता हूं और इतनी शिद्दत से दुआएं भेजता हूं कि ये आपकी ज़रूर मदद करेंगी। मुझे अक्सर शंका होती है कि मेरे पत्रों से वाकई आपकी कुछ सहायता होती है भी या नहीं। कृपया यह मत कहिएगा कि हां ज़रूर मिलती है। बिना धन्यवाद कहे स्वीकार कर लीजिए और देखते हैं कि क्या होता है?

आपके पत्र का विस्तृत जवाब देना शायद ज़रूरी नहीं है। क्या कह सकता हूं आपकी शंका के बारे में, आपकी भीतरी और बाहरी दुनिया में समन्वय लाने की अक्षमता के बारे में या उन सभी बातों के बारे जिनकी आपको चिंता होती है – सब के बारे में पहले ही बोल चुका हूं। मेरी हमेशा से ये इच्छा थी कि अपने भीतर आप सहन करने का धैर्य पाएं और आस्था रखने की सरलता। मेरी इच्छा है कि जो भी मुश्किलें हो, आप उन पर अधिक वैसे ही यकीन करें जैसे कि आप अपने अकेलेपन पर करते हैं। जीवन को बस होने दीजिए और विश्वास कीजिए कि ज़िन्दगी हमेशा सही होती है।

भावनाओं के बारे में हर वो भावना जो संघटित और प्रेरित करती है वह शुद्ध होती है। भावना, जो केवल एक हिस्से को प्रभावित करे और आपको तोड़ दे, अशुद्ध है। बचपन के स्मरण अच्छे होते हैं। जो भी आपको बेहतरीन बनाए, अच्छा है। हर आगे बढ़ते कदम अच्छे होते हैं यदि वे आप को व्यापक रूप से प्रभावित करें और जो नशे के कारण न हों, उदासी की हालत से मजबूर न हो पर पारदर्शक आमोद से भरे हों। आप समझ रहे हैं न, मैं क्या कहना चाहता हूं?

शंका को यदि नियमित करेंगे तो आपके लिए अच्छा है। शंका को जानकार बनना होगा, इसे आपका आलोचक बनना होगा। जब भी शंका आपका कुछ बिगाड़ना चाहती हो तब उससे पूछिए, वो स्वयं उलझन में है या शायद विरोध में। पर छोड़िएगा मत। तर्क कीजिए। सतर्क और जिम्मेदार रहिए और वो दिन ज़रूर आएगा जब शंका एक भक्षक से परिवर्तित होकर आपकी सबसे बेहतरीन सेवक सिद्ध होगी और शायद आपकी ज़िन्दगी को विकसित करने वाले गुणों में से सबसे होशियार भी होगी। प्रिय श्री काप्पुस, बस आप को आज इतना ही बताना है। मैं आपको अलग से अपनी एक कृति भेज रहा हूं जो हाल ही में प्राग के डोइचे अर्बित में प्रकाशित हुई है। उसमें आपसे ही मैं जीवन और मृत्यु के बारे मे बात कर रहा हूं और दोनों कितने महान और अद्भुत हैं।

आपका

*रेनर मारिया रिल्के*

दसवां
पत्र

*"मैं आपके लिए केवल कामना कर सकता हूं
कि आप विश्वास और धैर्य के साथ
उस विशाल एकांत को अपने भीतर कार्य करने दें।
यह आप पर एक अज्ञात प्रभाव का
काम ठीक वैसे ही करेगा जैसे पूर्वजों का
रक्त सदा बहता हुआ हममें मिल जाता है
और व्यक्ति की अटूट कड़ी बनकर रह जाता है।"*

पेरिस
क्रिसमस के एक दिन बाद, 1908

प्रिय फ्रांज,

आपका सुंदर पत्र प्राप्त करने की मुझे कितनी खुशी हुई आपको यह बताना जरूरी हैं आपके संदेश जो हमेशा की तरह यथार्थपरक और सरल हैं तथा यह मेरे लिए खुशी की खबर है। मैनें जितना इन पत्रों के बारे में सोचा वे उतने ही अच्छे लगे। मैं क्रिसमस से पहले ही लिखना चाहता था पर कई तरह के कामों के बोझ के कारण, जो इस शीत ऋतु में निरंतर आते गए, क्रिसमस भी आया और चला भी गया। लिखना तो दूर, जरूरी काम भी नहीं कर पाया पर इन छुट्टियों में आप के बारे में अक्सर सोचता था और कल्पना करता था कि उस तन्हा किले में पहाड़ियों के बीच कितनी शांति होगी जहां दक्खिनी हवाओं के थपेड़े मानों उन पहाड़ों को निगल जाना चाहते हों।

जहां ऐसी आवाज और गतिविधियां हों तो वहां सन्नाटा भी बहुत होगा और किसी पूर्व ऐतिहासिक स्वर संगीत की तरह दूर समुंदर का राग जब इसमें शामिल हो जाय तब मैं आपके लिए कामना कर सकता हूं कि आप विश्वास और धैर्य के साथ उस विशाल एकांत को अपने भीतर कार्य करने दें। अब इसे आपके जीवन से मिटाया नहीं जा सकता। आप जो भी कार्य करें या अनुभव करें उन सभी में यह अन्तर्निहित होगा।

यह आप पर एक अज्ञात प्रभाव की तरह ठीक वैसे ही काम करेगा जैसे पूर्वजों का रक्त सदा बहता हुआ हममें मिल जाता है और व्यक्ति की अटूट कड़ी बन जाता है साथ ही यह जीवन के हर चौराहे पर निर्णायक भी होता है।

हां, मुझे खुशी है कि अब आपकी जीविका स्थिर और सुरक्षित हो गई है। ये उपाधि, वर्दी, मिलिट्री सेवा — थोड़े से कर्मचारी जोकि आपस में एक दूसरे से कटे हुए हैं, माहौल को गंभीर और अहम् बना देते हैं, यह सब वास्तविक और प्रतिबंधक हैं। वक्त गुज़रने का इतजार मिलिट्री पेशे का जरूरी लक्षण है। ऐसा परिवेश कार्य का अवसर देता है पर वास्तव में इन्हीं गुणों का अभ्यास भी करवाता है। ऐसी परिस्थितियों के बीच रहना जहां हम प्रकृति की महान छवि का सामना करते हैं और इसी की हमें जरुरत भी है।

कला भी जीवन पद्धति है जिसकी तैयारी हम चाहे जैसे और बिना जाने भी कर सकते हैं। सच्चाई से हर मुलाकात के बाद हम उसके और करीब आ जाते हैं और उनसे ज्यादा करीब जो झूठी अकलात्मक जीविकाओं में रहते हैं तथा कला के होने का सिर्फ दावा करते हैं जबकि वास्तव में वे कला को न केवल नकारते हैं बल्कि उसके अस्तित्व पर ही सवाल उठाते हैं। पत्रकार, आलोचक और अधिकतर साहित्यकार यही काम करते हैं। मुझे खुशी है कि आप इस दुनिया में फंसने से बच गए और किसी वास्तविक दुनिया में अकेले और निर्भय हैं।

आने वाला साल आपकी इस प्रतिज्ञा को बल दे और सुरक्षित रखे।

हमेशा
आपका

रेनर मारिया रिल्के

# लेखक के बारे में

रेनर मारिया रिल्के का जन्म चेकोस्लावाकिया के प्राग में सन् 1875 में हुआ था। उनके पिता आर्मी में अधिकारी थे। रेनर पहले एक मिलिट्री विद्यालय में पढने भेजे गए और बाद में अधिकतर अकेले रहते हुए उन्होंने दर्शनशास्त्र, इतिहास, साहित्य और कला का अध्ययन प्राग, म्युनिक और बर्लिन में किया ।

वे कम उम्र से ही कविता लिखने लगे और पहले योरप में और फिर पूरी दुनिया में अपनी कविताओं, कहानियों और पत्रों के लिए प्रसिद्ध हो गए। उन्होंने जर्मनी, फ्रांस, इटली, स्पेन, स्विट्जरलैंड, मिस्र और स्कैंडनेविया देशों में खूब सफर किया।

सन् 1901 में उनका विवाह क्लारा वेस्टहोफ से हुआ और सन् 1902 में उनकी पुत्री रूथ का जन्म हुआ। इसके बाद ही वे पेरिस चले गए जहां क्लारा ने मशहूर चित्रकार औगुस्ते रोडिन के साथ काम किया और जिस पर रिल्के ने निबंध लिखा।

सन् 1926 में फ्रांस में रेनोन की एक छोटी सी चर्च में, रोन वैली की समीप उनका देहांत हो गया ।

‌﷼

## अनुवादक के बारे में

जेम्स मारी बर्न्हम का जन्म जर्मनी के बर्लिन शहर में हुआ। दस साल की उम्र में वे मिल्वौकी, विस्कॉन्सिन चली गयीं जहाँ उन्होंने मल्वौकी-डाउनर कॉलेज (अब लॉरेंस यूनिवर्सिटी) से जर्मन और अंग्रेजी में स्नातक की परीक्षा उत्तीर्ण की। यूनिवर्सिटी ऑफ जॉर्जिया से जर्मन में उन्होंने स्नातकोत्तर की उपाधि ग्रहण की। वो कैलिफोर्निया के मरीन काउंटी में रहती हैं।

# केंट नेरबर्न के बारे में

केंट नेरबर्न विश्व भर में जाने-पहचाने शिल्पकार हैं जो धर्म और कला में पीएचडी तथा हिरोशिमा, जापान के पीस म्युजियम, मिशन, ब्रिटिश कोलंबिया के वेस्टमिनिस्टर बेनिदिक्तिन एबी में इनकी कृतियां रखी हैं। उन्होंने उत्तरी मिनेसोता के ओबिज्वे जनजाति के साथ रह कर उनके पूर्वजों की स्मृतियां संग्रहीत करने का कार्य किया। *सिंपल ट्रुथस, ए होन्टिग रेवरेंस, लेटर्स टू माय सन* और पुरस्कृत *नाईदर वुल्फ नॉर डाग* – किताबों के लेखक हैं। वे उत्तरी मिनिसोता में अपने परिवार के साथ रहते हैं।

यदि आपको *एक युवा कवि को पत्र* पुस्तक अच्छी लगी तो हम आपको जेम्स एलन लिखित *एज़ यू थिंक* पढ़ने का सुझाव देते हैं।

सं. 1904 में, एक अजनबी अंग्रेज़, जेम्स एलन ने *एज़ ए मैन थिंकेथ* नामक एक छोटी सी किताब लिखी। यह किताब आत्मनिर्भरता विषय पर एक प्रतिष्ठित किताब बन गयी जो अपने सरल सन्देशों द्वारा लाखों लोगों के लिए प्रेरणास्त्रोत बन गयी। बेहतरीन संपादकी ने इसे और सुलभ एवं "लिंग तटस्थ" बना दिया। *एज़ यू थिंक* विश्व भर में "आत्मनिर्भरता" और "स्वावलंबन" पर एक महत्त्वपूर्ण किताब सिद्ध हुई है। इस छोटी सी किताब ने दिखाया कि हमारे भीतर भी महान बनने की कितनी क्षमता है और साथ ही इसकी प्राप्ति के लिए साधन प्रदान करती है। *एज़ यू थिंक* एक प्रभावशाली और श्रेष्ठ कृति है।

अधिक जानकारी के लिए संपर्क:
**योगी इम्प्रैशन्स एलएलपी**
1711, सेंटर – 1, वर्ल्ड ट्रेड सेंटर, कफ परेड, मुंबई – 400 005. भारत
दूरध्वनि: (022) 61541500, 61541541, ई-मेल: yogi@yogiimpressions.com

**f** www.facebook.com/yogiimpressions

**Receive our free monthly Yogi Impressions Newsletter**
Get information on new releases, authors, events and more.
Send us your full name, title of your last book purchased, city and
mobile number, to: yogi@yogiimpressions.com

OR

Fill out the details in the pre-paid coupon below and mail it to us by post.

------------------------------------------------------------ Cut Here - ✂ -------

## YOGI IMPRESSIONS MAILING LIST
(Please fill all the details, in CAPITAL letters.)

☐ Yes, add me to your mailing list so that I receive information on new releases, authors, events and more.
☐ I am currently on your mailing list. Please correct/update my details.

Name: ☐ Mr. ☐ Ms. _____
First Name                                   Surname

Address: ☐ Home ☐ Office _____

_____City_____

Pin Code_____ State_____ Country_____

Company Name _____ Job Title (Designation)_____

Tel: (Home)_____ (Off.)_____ Mobile_____

E-mail_____

**Yogi Impressions LLP**
1711, Centre 1, World Trade Centre, Cuffe Parade, Mumbai 400 005, India.
Tel: 91 (22) 61541500, 61541541 E-mail: yogi@yogiimpressions.com

**YogiImpressions®**
www.yogiimpressions.com

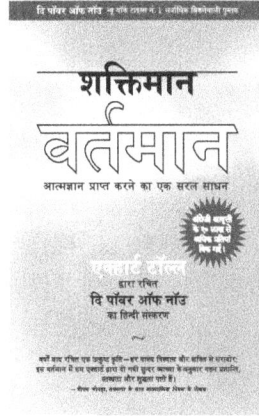

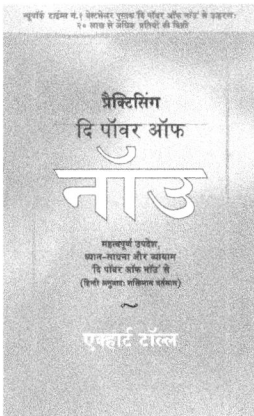

---

**The Sacred India Tarot**

Inspired by Indian Mythology and Epics

**78 cards + 4 bonus cards + 350 page handbook**

*The Sacred India Tarot* is truly an offering from India to the world. It is the first and only Tarot deck that works solely within the parameters of sacred Indian mythology – almost the world's only living mythology today.

# Create greater balance and wholeness within yourself with

## synchr♦nicity®
Contemporary High-Tech Meditation® Audio CDs

Brought to you by:

**YogiImpressions®**

When meditation was first conceived thousands of years ago, its techniques were suited for a simple, very different way of life. Today, we live in a chaotic, high-stress environment where time, calm and clarity can be elusive.

**The Synchronicity Experience: quite simply, it meditates you**
Its proprietary Holodynamic® Vibrational Entrainment Technology (HVET) developed by its Founder, Master Charles Cannon, is embedded in musical meditation soundtracks that literally meditate you while you listen.

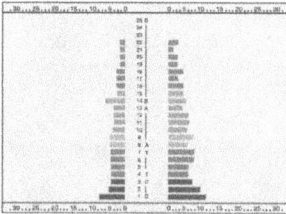

*Brain monitor of a typical non-meditator shows pronounced hemispheric imbalance and fragmented, limited brain function.*

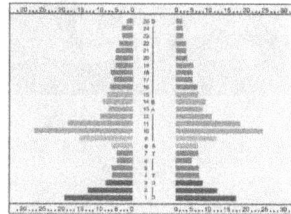

*A regular user of Synchronicity Contemporary High-Tech Meditation® develops a high degree of synchronization indicating whole brain function.*

Taking the guesswork and randomness out of the meditative process, the meditation soundtracks are available in the Alpha and Theta formats for light and medium meditation. Whether you are an experienced meditator or just starting to meditate, our CDs will help deliver a four-fold increase in results compared to traditional methods.

Om

Om Namah Shivaya

Harmonic Coherence

Welcome To My World

Om Mani Padme Hum

Sounds Of Source
Vol. 1-5

Time Off

Song Of The Ecstatic

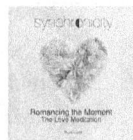

Romancing The
Moment
The Love Meditation

Blessed Mother
A Thousand Names

**Hear the Audio Clips on our website: www.yogiimpressions.com**

www.ingramcontent.com/pod-product-compliance
Lightning Source LLC
Chambersburg PA
CBHW072043040426
42447CB00012BB/2990
* 9 7 8 9 3 8 2 7 4 2 7 0 8 *